UN MÉDECIN HYGIÉNISTE DÉPORTÉ À MAUTHAUSEN

PORTRAIT DE JEAN BÉNECH

5-7, rue de l'École-polytechnique ; 75005 Paris

http://www.librairieharmattan.com
diffusion.harmattan@wanadoo.fr
harmattan1@wanadoo.fr

ISBN : 978-2-343-00158-6
EAN : 9782343001586

Marion BÉNECH

UN MÉDECIN HYGIÉNISTE DÉPORTÉ À MAUTHAUSEN

PORTRAIT DE JEAN BÉNECH

Préface de Daniel Simon

Mémoires du XXe siècle

Déjà parus

Larissa CAIN, *Helena retrouvée. Récits polonais,* 2013.
Lucien MURAT, *Carnets de guerre et correspondances 1914 – 1918. Documents présentés et annotés par Françoise FIGUS, 2012.*
Zysla BELLIAT-MORGENSZTERN, *La photographie, Pithiviers, 1941. La mémoire de mon père*, 2012.
Serge BOUCHET de FAREINS, *De l'Ain au Danube, Témoignages de vétérans de la 1re Armée Française (1944–1945),* 2012.
Gabriel BALIQUE, *Saisons de guerre, Notes d'un combattant de la Grande Guerre,* 2012.
Jean DUCLOS, *Notes de campagne 1914 – 1916 suivies d'un épilogue (1917 – 1925) et commentées par son fils, Louis-Jean Duclos Collectif-Artois 1914/1915,* 2012.
Odette ABADI, *Terre de détresse. Birkenau – Bergen-Belsen,* nouvelle édition, 2012.
Sylvie DOUCHE, *Correspondances inédites à des musiciens français. 1914-1918*, 2012.
Michel RIBON, *Jours de colère*, 2012.
François MARQUIS, *Pour un pays d'orangers, Algérie 1959-2012,* 2012
Jacques RONGIER, *Ma campagne d'Algérie tomes 1 et 2,* 2012.
Michèle FELDMAN, *Le Carnet noir,* 2012.
Jean-Pierre CÔMES, *Algérie, souvenirs d'ombre et de lumière,* 2012.
Claude SOUBESTE, *Une saison au Tchad*, 2012.
Paul OLLIER, *Algérie mon amour*, 2012.
Anita NANDRIS-CUDLA, *20 ans en Sibérie. Souvenirs d'une vie,* 2011.
Gilbert BARBIER, *Souvenirs d'Allemagne, journal d'un S.T.O,* 2011.
Alexandre NICOLAS, *Sous le casque de l'armée*, 2011.

PRÉFACE

Il faut une belle audace pour faire le portrait du père – a fortiori s'il est mort il y a cinquante ans, et si l'ambition, outre retracer son parcours, est de saisir sa vérité.

Les écueils sont notoires – deux, principalement : le filtre de la piété filiale, qui laisse craindre une hagiographie ; l'accès à des sources tangibles, s'agissant d'un homme que ni son activité sociale ni manifestement sa personnalité n'inclinèrent au récit de soi, et dont par ailleurs l'engagement dans la Résistance comme, plus encore, la déportation furent pour les siens de longues absences opaques, pour la biographe des apories, plutôt que des chemins semés de signes.

L'auteure, née en 1933, affronte ces difficultés de face : d'une part, elle a le talent de se placer, d'instinct, au cœur de l'enquête, accomplit la prouesse d'habiter ses perceptions d'enfant, assume pleinement sa subjectivité ; d'autre part, elle recueille et décrypte avec clairvoyance la moindre archive disponible. La plongée capture bien davantage que le matériau requis par le projet initial, confirmé pourtant avec raison dans le titre : le père en ses territoires, la parentèle et, au-delà, une tranche profonde et éloquente du dernier siècle français.

Quelle famille en effet, et quelle traversée ! Disons sans ambages que la vie de Jean Bénech, celle où il embarque les siens, est un éloge de ce que fut notre république (la

Troisième) et de l'ancrage qu'y sut trouver certaine bourgeoisie, à l'honneur de l'une et de l'autre, ce qui vaut d'être souligné. Une carrière vouée au service public (à Nancy, Lyon, Paris...), une sphère privée qui accomplit avec naturel l'idéal assimilationniste : la rencontre d'une seconde épouse – dont Marion est la fille – fit abruptement entrer la tourmente génocidaire dans l'histoire des Bénech. Une famille ainsi qui subit les deux faces de la barbarie nazie et vichyste : répression politique et persécution raciste, laquelle faillit emporter Marion enfant. Un père résistant, un demi-frère Compagnon de la Libération, tandis que le versant maternel est décimé par les traques. Mais – bourgeoisie ostensible ! – une maison, épicentre et authentiquement foyer de plusieurs générations. Enfin, des comparses inattendus, Jacques Majorelle, Jules Romains, Francis Lemarque....

Il fit deux guerres (y compris les Dardanelles), se tint à une vocation singulière de médecin hygiéniste, et connut Mauthausen. Marion Bénech ouvre, éclaire, surtout relie ces identités fermées et complexes. Pour accéder à la dernière, la plus inaccessible, elle repousse les illusoires commodités de l'empathie et trouve les preuves de « ce qu'il avait été durant cette longue spoliation » : « j'ai éprouvé l'apaisement, et même le bonheur de le retrouver tel que je l'ai connu, les deux images se superposant exactement ».

Mesure-t-on l'étendue, la qualité de mémoire qui se fût engloutie si ce travail n'avait pas été accompli ? Il aura fallu à l'auteure un demi-siècle de contournement, de latence, de malaise sans doute, avant que ne soit enfin possible d'ouvrir les boîtes à secrets, de lire leur contenu, de dialoguer avec de rares témoins directs, de hanter quelques territoires, dont les vestiges du camp, de replonger en soi-même. Tous les fils peu à peu mis à jour, un peu démêlés, et c'est la face positive de l'histoire – le père, acteur de sa vie, même en quelque sorte à Mauthausen – qui rend possible l'écriture. Grâce auquel, en une coulée délicate et pénétrante, tout le reste nous est offert, qui n'est pas rien.

Daniel SIMON

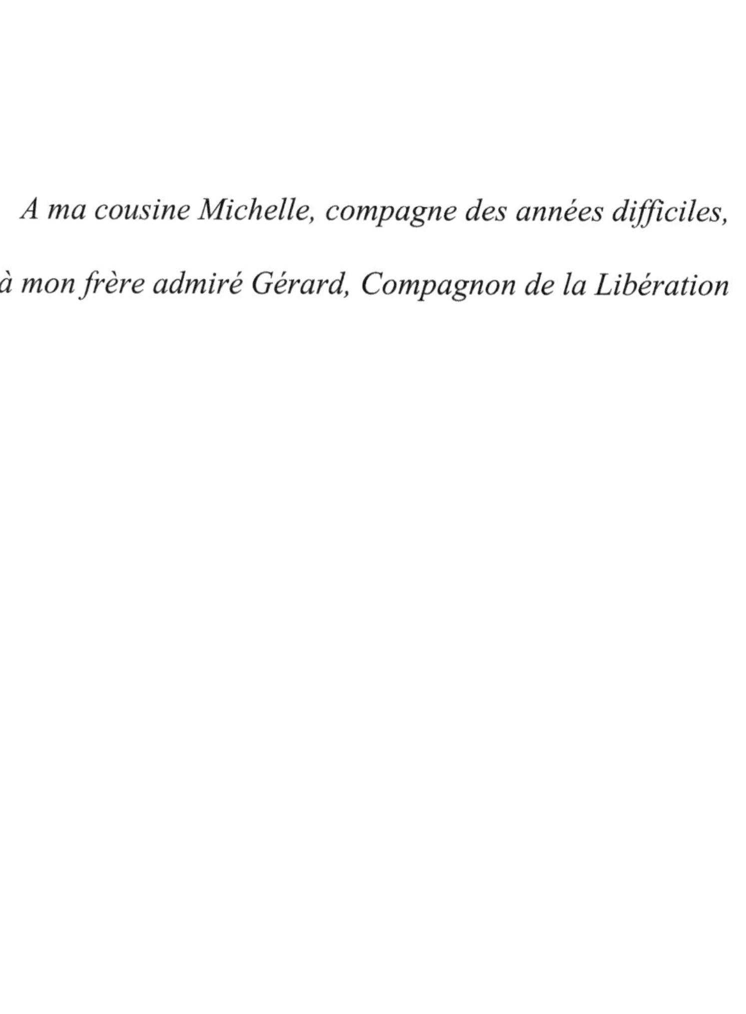

A ma cousine Michelle, compagne des années difficiles,

à mon frère admiré Gérard, Compagnon de la Libération

REMERCIEMENTS

Avec ma très affectueuse reconnaissance
à Daniel Simon et Caroline Ulmann
président et vice-présidente de l'Amicale de Mauthausen
pour leurs encouragements et leur exigeant soutien.

AVANT-PROPOS

Mon frère Gérard Théodore, membre du Conseil de l'Ordre de la Libération, me demanda un jour si j'avais des documents sur Mauthausen, en particulier les cartes postales envoyées du camp, pour le musée de l'Ordre de la Libération aux Invalides.

Les documents de mon père, malgré les multiples déménagements, étaient toujours à portée de ma main, alors que les cartes postales se trouvaient avec d'innombrables photos à la cave, dans un grand et très lourd carton à chapeaux. Je n'avais ni le courage, ni le temps, ni personne pour remonter cet énorme carton carré. Ceci ne put être fait qu'au départ de la famille de Fanette, l'aînée de mes jumelles, pour Toulouse.

J'entends mon frère, se moquant gentiment de moi : « *Ne serais-tu pas un peu paresseuse, ma vieille ?* ». Je n'avais pas, apparemment, la curiosité des parcours précis des déportés. Or, je ne me serais pas donné autant de mal, avec une obstination quasi-obsessionnelle, si je n'avais porté en moi ce besoin de connaître le plus exactement possible ce qu'avait été la vie de mon père pendant les dix-huit mois qu'il passa en ce lieu qu'était le camp de Mauthausen.

Il s'agissait d'une curiosité non refoulée, mais bien rangée dans la malle d'un grenier intérieur. Vivre le présent avec mon père demandait déjà beaucoup de compréhension, de son comportement, du nôtre. Une famille de déporté « revenu » n'est pas une famille ordinaire – s'il en est ! – : il est difficile de vivre avec un non dit, que tout le monde connaît puisqu'il ne s'agit pas d'un secret de famille, qui n'est pas non plus un déni, mais une zone noire dont on n'a pas envie de parler, par pudeur, ou pour ne pas gâcher par des souvenirs douloureux le moment présent.

Et puis, un jour, un enchaînement de circonstances fait que l'on met le doigt dans l'engrenage de la curiosité et de la recherche. Presque par hasard, le début d'un fil d'Ariane vous entraîne dans cette aventure, pour ainsi dire dans une autre vie. En tout cas, pour moi, il en fut ainsi.

Il y eut d'abord, en juin 2004, le départ de Fanette pour Toulouse, avec mari et enfants, mes petits-enfants Magalie et Valentin, dont je m'occupais presque quotidiennement. C'était naturel : Fanette travaillait tout près de chez moi, les horaires d'une commerciale me réclamaient disponible et cette organisation me fabriquait une vie pleine et heureuse.

A peu près au même moment, j'ai perdu une amie, Jacqueline Veinstein, à qui je faisais office de troisième fille et pour laquelle j'avais une véritable affection. Je m'en étais vraiment occupée à partir d'une vilaine fracture du fémur, puis lorsqu'elle tomba définitivement malade. Jusqu'à la minute de son décès, dans ma main, le 26 juillet 2004, à Sainte-Perrine, hôpital gériatrique de l'Assistance publique, je suis allée la voir pratiquement tous les jours.

C'est ainsi que je me suis retrouvée les bras vides, très perdue, à devoir affronter trop de temps morts. J'assurais le fonctionnement de la bibliothèque des malades à l'Hôpital Henry Dunant, deux fois par semaine, mais cela ne suffisait pas.

J'ai demandé à Eric, le mari de Fanette, d'aller à la cave me chercher le carton à chapeaux. Quelle affaire ! Le fond était pourri, soixante-dix ans de photos, englobant deux familles, Bénech et Geismar, les papiers de mon père, le tout en vrac, sauf un ou deux vieux albums : il me fallait trier, classer, installée par terre à l'entrée du salon débordant sur la petite entrée, j'ai commencé par un premier tri grossier dans des boîtes à chaussures avant d'affiner dans des sous-chemises.

J'ai découvert toutes les photos concernant la défense passive, le service d'hygiène, la colonie scolaire de Gentilly, toute la vie professionnelle de mon père ! J'ai repris sa serviette en cuir, qui avait traversé tous les déménagements sans être perdue ni même détériorée ! J'ai entrepris de reclasser tous les documents dans la perspective d'une utilisation différente. C'était pendant la dernière hospitalisation de mon amie Jacqueline – nous avons eu juste le temps d'échanger sur ma timide envie d'obtenir de la ville de Nancy une plaque sur un immeuble du quartier Saint-Epvre, de préférence sur le mur de l'ancien service d'hygiène devenu service des douanes... Jacqueline m'avait fortement encouragée à cette démarche.

A mesure qu'avançait mon travail de documentaliste, l'idée prit corps.

J'ai d'abord demandé au maire de Nancy, le docteur Rossinot, de bien vouloir réfléchir à ma suggestion. Il a considéré immédiatement à la lecture du dossier - documents et articles - que je lui avais adressé, « *que la Ville de Nancy se devait de rendre hommage* » à Jean Bénech.

Par une délibération du conseil municipal du 27 mars 2006, la décision fut prise « *de dénommer les locaux municipaux sis 40, rue Sainte Catherine, siège notamment du service Santé-Environnement "Espace Docteur Jean*

BENECH" ». L'emplacement est particulièrement bien situé : la rue Sainte-Catherine débouche sur la place Stanislas, entre la préfecture et le Grand théâtre. Je me suis mis en tête qu'il y avait suffisamment de documents divers et intéressants pour concevoir une exposition associée à l'inauguration de cette nouvelle dénomination. Le maire en convint. Frédéric Richard, chef de cabinet, avec les services techniques de la ville, se chargea de la conception et de l'organisation. L'exposition évoqua les fonctions de mon père à Nancy et la période de la déportation. Un panneau définitif est apposé sur la porte extérieure, une photo sous verre accompagnée d'une biographie sont désormais installées dans le hall.

Pour l'inauguration, le 22 avril 2006, en présence du sénateur-maire, tous les petits-enfants et arrière-petits-enfants de Jean Bénech s'étaient déplacés.

C'est durant cette période de préparation que j'ai trouvé ce que j'appelle des trésors, et que donc je me suis mise au travail.

A peu près à la même époque, à la faveur d'une émission de télévision, « Culture et dépendances », à laquelle participaient Simone Veil et Pierre Daix, je me suis rendu compte que, si Buchenwald, Auschwitz, Dachau étaient souvent évoqués, ce n'était pas le cas de Mauthausen. J'ai écrit à Pierre Daix – chez son éditeur – le 29 janvier 2005. Très vite, le 4 février, il m'a téléphoné : il avait bien connu mon père à Compiègne-Royallieu, il m'a parlé longuement de leurs conversations. Il m'a conseillé de joindre l'Amicale de Mauthausen, au moins pour obtenir le matricule de Jean Bénech, que je ne connaissais même pas. J'ai ainsi pu adresser mes demandes de dérogations indispensables, et tout s'est magnifiquement enchaîné. Je n'ai rencontré que compréhension, bonne volonté et efficacité.

Le hasard m'a offert aussi un déjeuner, chez ma cousine Jeanne-Marie de Ricou, avec Jacqueline d'Alincourt-Péry, à qui j'ai parlé de ces documents retrouvés que je ne pouvais décemment pas laisser repartir aux oubliettes. C'est elle qui m'a fait découvrir l'existence des camps annexes, elle qui m'a donné toutes les adresses auxquelles je pouvais m'adresser pour obtenir des informations, elle qui m'a placée en face de mon ignorance, du moins de la distance à laquelle je m'étais tenue. Jeanne-Marie de Ricou, qui avait dédié sa thèse de médecine à mon père, a mentionné Gilbert Dreyfus, dit Debrise, médecin à Mauthausen et Ebensee, et lointain cousin du côté de son père. Jeanne-Marie m'a rappelé cette phrase de mon père que je lui avais entendue à son retour : « *Je n'aurais pas été médecin, je ne serais pas revenu* ».

Finalement, les choses avancèrent assez vite, du 29 janvier aux dernières consultations en août 2005. J'avais le temps, les enfants partis à Toulouse, je n'étais plus la mamie sur-occupée. Jacqueline Veinstein n'était plus là, malheureusement. J'ai classé ; je suis allée copier les dossiers conservés dans chacune des bibliothèques des archives ministérielles, départementales ou municipales, je n'avais droit – sauf à Caen – ni aux photocopies ni aux photos.

J'avais en mémoire un film documentaire vu avec les parents au cinéma « Le Régent », avenue de Neuilly, et dans lequel mon père jouait le rôle – selon le générique – d'un « *médecin déporté* ». Or je n'avais aucune idée ni du producteur, ni du metteur en scène, pas même du titre. Evidemment je n'ai eu qu'une idée en tête : me procurer ce document, pour moi d'abord – l'envie de revoir le père de cette époque parler et bouger – et naturellement pour ses petits-enfants.

Il me semblait normal de m'adresser au ministère de la Santé, et aux services de l'Assistance publique de Paris, puisque mon père en dépendait à l'époque, et puisqu'il s'agissait d'un film d'éducation sanitaire.

Sur les indications que je reçus, je m'adressai à l'Institut national de l'audiovisuel, Archives françaises du film, et j'obtins non seulement les renseignements que je cherchais, mais une copie de cette cassette vidéo me fut adressée, sans bien évidemment me donner une autorisation d'exploitation, ce qui n'était pas dans mes intentions. Je suis ainsi entrée en possession d'un film de huit minutes, tourné en 1946, titré *Le passant de malheur*. Nous l'avons naturellement dupliqué sur DVD, et mes enfants et petits-enfants on pu voir et entendre leur grand-père, la voix un peu déformée et l'image un peu floue, technologie ancienne, mais aussi diction et scénographie surannées. Moi, je le reconnais bien, son espèce de sûreté souriante et ronde, dès qu'il voulait faire passer un message : l'image que j'en garde avant notre retour à Nancy en 1948.

Ce n'est qu'un enchaînement de circonstances, on l'a compris, qui m'a permis de satisfaire ma curiosité générale de l'histoire de la déportation et de la curiosité particulière que j'avais de mon père en tant que déporté ou de le mieux connaître tout simplement.

Au cours d'une réunion organisée par Michelle Rousseau-Rambaud, alors présidente de l'Amicale de Mauthausen et Daniel Simon, vice-président, pour faire appel aux bonnes volontés qui pourraient participer d'une manière concrète à la vie de l'Amicale de Mauthausen, j'ai rencontré Patrice Lafaurie, professeur d'économie au lycée Varoquaux, pôle de la santé et du social à Tomblaine près de Nancy, et qui, avec sa femme Chantal, a la charge des voyages de mémoire organisés par l'Amicale. Patrice est venu à l'exposition de Nancy, puis m'a proposé de participer, le 29 avril 2008, à la journée concluant les travaux des étudiants de troisième année en Economie sociale, titrée « *Le service d'hygiène de Nancy dans l'entre-deux guerres : les actions du Dr Bénech* ». Leur promotion s'appellera : « *Promotion Jean Bénech* ».

Allant, plus par instinct que par raisonnement, comme d'habitude, au repas de l'Amicale à l'hôtel Lutetia, lieu du retour des déportés, à l'occasion du 60e anniversaire, je me suis retrouvée membre de l'Amicale. J'y ai fait mes classes, j'ai acquis une certaine culture de la déportation, la lecture systématique de la collection des Bulletins m'a fait mesurer les facettes et analyses des témoignages et interprétations des historiens, ainsi que de l'évolution de l'Amicale au fil des décennies.

Et puis, un jour, l'émotion ressentie en lisant ce « papier » qu'avait fait mon père sur la libération du camp a été comme un coup de tonnerre : je le découvrais dans son écriture et prenais connaissance pour la première fois d'un récit précis, par lui, de ce qu'il avait vu et vécu.

J'ai entendu beaucoup de témoignages de déportés rencontrés et, chaque fois, c'est toujours ce petit pincement au cœur que je retrouve, d'une manière plus intense d'ailleurs au cours des cérémonies commémoratives organisées par l'Amicale au camp central et ses annexes.

MAXEVILLE

Le grand-père de Jean Bénech, Baptiste Bénech, cafetier-maréchal ferrant à Fumel dans le Lot-et-Garonne, n'a pas les moyens de permettre à son fils Marc-Lucien, futur père de Jean, de poursuivre des études en faculté de médecine, d'où l'Ecole de santé militaire de Bordeaux. Lucien Bénech termine sa carrière comme médecin général, inspecteur des armées.

Baptiste Bénech reçoit l'autorisation du tribunal de transformer le nom de Bénetc – qui devait se prononcer « *benêt* », nom peu flatteur – en Bénech le 7 juillet 1855. Cette autorisation est transcrite sur son acte de mariage.

La mère de Jean, Geneviève Marpon, femme de Lucien Bénech, est issue d'une famille d'intellectuels qui compte un recteur d'académie, un député-académicien et un médecin. C'est une femme dotée déjà toute jeune d'une très forte personnalité : c'est la réputation qu'elle avait dans la famille.

L'origine maternelle des Marpon-Mézières se trouve à la fois à Rhéon, dans le nord du département de la Meurthe-et-Moselle, et à Montigny-Lès-Metz, banlieue de Metz, en Moselle : on ne peut pas plus lorrain. Un Charles Marpon, originairement typographe-éditeur, a l'idée originale de vendre les livres invendus de ses clients-éditeurs en en réduisant le prix. Le succès est tel qu'il s'associe à Ernest Flammarion, ouvre librairie à l'enseigne Marpon et Flammarion, rue de l'Odéon à Paris, dans les années 1880.

Ces deux pôles si contrastés, à la fois géographiquement et culturellement, ont forgé la personnalité de Jean, faite à la fois de constance, de rigueur, de profondeur, de sérieux dans l'accomplissement des buts fixés. Il a un sens très profond de la responsabilité et de la solidarité, des traits de caractère qu'il poussera à l'extrême. Un atavisme lorrain, un autre du sud-ouest qui lui donne cette drôlerie, allant parfois jusqu'à l'ironie ou des plaisanteries pas toujours appréciées, avec une tendresse à toute épreuve, toujours fidèle à ses convictions et à ses amitiés.

Son ambition n'est pas de faire carrière au sens où l'on emploie ce mot aujourd'hui, mais de réaliser ce qu'il a imaginé : mettre sa créativité au service de la santé et de l'hygiène publique est sa véritable raison de vivre.

Jean Bénech est né le 28 mai 1888 à Tarbes où son père Lucien était en garnison, probablement capitaine, puisque Geneviève Marpon, devenue Geneviève Bénech le 12 avril 1887, avait précisé qu'elle n'épouserait Marc-Lucien que lorsqu'il serait capitaine... C'est une femme d'autorité qui a des principes.

Ils habitent Paris, rue Vaneau, lorsque mon grand-père Marc-Lucien Bénech est nommé professeur au Val-de-Grâce et à l'Ecole de Guerre.

Jean Bénech suit ses petites classes au lycée Montaigne ; il y obtient son certificat d'études le 21 juillet 1899.

Puis c'est Nancy, importante région militaire : Marc-Lucien Bénech promu au grade de général y exercera ses fonctions, des photos le montrent inspectant « *la roulante* », cuisine ambulante de l'armée. Beaucoup plus tard, son fils Jean inspectera lui aussi des cuisines, celles d'hôpitaux ou de colonies scolaires.

Ville de garnison, Nancy est aussi une ville universitaire : facultés de médecine, lettres, droit et grandes écoles, des Eaux-et-Forêts, des Beaux-Arts, des Mines, d'Electricité, de Chimie. C'est une ville très animée, vivante et jeune.

Ils habitent rue de La Source, à proximité du palais du Gouvernement, de la place Stanislas et de la Pépinière. N'en déplaise aux Nancéiens, il s'agit du seul très beau quartier de la ville.

Lors de leurs habituelles promenades à cheval – les officiers se déplaçaient alors ainsi – en forêt de Haye, le père et le fils ont le coup de foudre pour un ancien relais de chasse. La poutre maîtresse grossièrement gravée date de 1782. Toutes les pièces du rez-de-chaussée sont décorées de fresques. Au salon, des médaillons dans le plus pur style Louis XVI, guirlandes, fleurs et pastorales, cachées par un certain nombre de couches de papier peint et donc bien protégées. La maison n'était pas en bon état. Les fresques du salon seront restaurées par les étudiants de l'Ecole des Beaux-Arts. Pour le reste, il fallut la rendre habitable – aux normes et dans le style 1900 : chauffage central au boulet de charbon, murs de l'escalier intérieur recouverts de toile de jute marron imprimée de fleurs de lys bordeaux, pour la serre, d'énormes pivoines rouges sur fond noir. Le jardin en friche fut redessiné à la française.

La maison comme le jet d'eau du bassin sont alimentés par la source de la mine dont il sera question plus loin, l'eau arrive à la cuisine et à la buanderie par de très grosses pompes à main. Dans la cuisine, une haute cheminée dans laquelle on tient debout et un évier plat en pierre beige ; dans la buanderie qui va servir d'écurie, une auge profonde d'un mètre environ et, niché dans le mur, un four à pain toujours protégé par sa grille.

Pendant la guerre de 1939-1945, ce mur sera couvert de cages à lapins, les pelouses du jardin seront transformées en champs de pommes de terre et, à l'emplacement des rosiers, pousseront tomates et légumes divers, sans parler des plants de tabac ! Dans l'une des deux caves voûtées qui serviront d'abri pendant les alertes en 1939 – une croix de Lorraine peinte en rouge l'indiquait sur le mur à côté de l'entrée –, on peut toujours voir d'énormes rails de pierre, comme de longs murets parallèles, sur lesquels roulaient autrefois les tonneaux de vin.

La famille Bénech achète donc en 1904 cette maison que l'on appellera toujours « *Maxéville* », comme si c'était la seule maison du village ou un lieu-dit à elle toute seule. Maxéville est en réalité une commune industrielle attenante à Nancy.

Les Grandes Brasseries de Maxéville employaient trois cents personnes, et fabriqueront jusqu'à cent cinquante mille hectolitres de bière par an, exportée tant en Afrique du nord, en Indochine, qu'en Amérique du sud ou au Congo. La dernière guerre leur sera fatale : la main d'œuvre qualifiée faisant défaut, les brasseries seront converties en entrepôts frigorifiques.

De vastes champs de fraises, *les fraises de Maxéville*, très réputées, remplacent à flanc de coteaux la vigne, de culture traditionnelle, détruite par le phylloxéra à la fin du XIXe siècle : les vignerons deviennent maraîchers. Le coteau était dans mon enfance et restera longtemps encore un lieu de promenade.

La mine produit une houille dite *minette de Maxéville.* En prévision des bombardements, les galeries servent régulièrement aux exercices d'alerte dès 1939. Une entrée principale à côté du cimetière, une autre près de l'église : c'est par celle-ci que les enfants des écoles primaires de filles et de garçons pénètrent dans des tunnels noirs, au sol irrégulier, au parcours difficile. On voit mal les rails sur lesquels les wagonnets sortent la minette. La marche dans le noir, l'enfoncement dans le sol, frayeur de tous les enfants, étaient en ce lieu plus inquiétants encore. Nous entrions du côté de l'église, ressortions près du cimetière. Beaucoup d'enfants y apprendront à apprivoiser, outre la peur du noir, l'angoisse qu'infusaient les circonstances.

Les entreprises Solvay sont spécialisées dans l'extraction du calcaire. Celui-ci est acheminé jusqu'à un transbordeur aérien qui relie la carrière à la vallée de la Meurthe : se découpant dans le ciel, le flux régulier des bennes suspendues au câble soutenu par des pylônes me paraissait inexorable. Petite fille, j'éprouvais en les regardant, un peu hypnotisée, un sentiment étrange que j'aurais eu bien des difficultés à définir, mais affleurant ma conscience : le symbole du déroulement irréversible de la vie, en tout cas indépendant de notre volonté, peut-être à l'origine d'un fatalisme qui après tout m'a permis une traversée sereine de bien des vicissitudes et la naissance d'une étrange confiance dans le déroulement des événements.

L'entreprise avait fait construire cent douze maisons jumelées : la cité Solvay, cet ensemble d'habitations alignées en contrebas de la rue sur laquelle donnaient les petits jardins individuels, n'était ni laide ni triste. Naturellement, l'entreprise Solvay occupait toute la place dans la vie du village : on travaillait chez Solvay, on habitait la cité Solvay, les vies se déroulaient dans un même lieu, dans un même espace, on existait et on considérait le devenir à travers l'entreprise Solvay.

Je ne peux manquer de signaler ici que les usines Solvay implantées près de Linz en Autriche employèrent de la main d'œuvre concentrationnaire dans les camps de Linz I, II, et III, qui étaient des *kommandos* satellites du camp central de Mauthausen.

Maxéville est un haut lieu d'institutions socio-éducatives : l'Ecole Normale de Jeunes Filles, fière de ses majuscules, tant est grande son importance en ce temps-là. Pendant la guerre de 14-18, notre maison, qui se trouvait juste en face, devient une annexe de l'hôpital complémentaire installé dans l'Ecole Normale. Ma grand-mère Bénech, comme doit pouvoir le faire la femme d'un médecin général, dirige et supervise, en tant qu'infirmière-major, les soins donnés aux convalescents. La « serre », salon d'hiver – quatorze mètres de long sur cinq de large – peut abriter dix-sept blessés convalescents. L'un d'eux, blessé au bras, deviendra le filleul de guerre de ma grand-mère. Il s'appelait Fernand. Factotum dévoué en contrepartie du logement et de la nourriture, il s'occupe du jardin, rentre et sort de la cave les six gros lauriers-roses qu'il faut mettre à l'abri pour l'hiver, nettoie les gouttières bouchées par les feuilles mortes du hêtre pourpre tombées à chaque hiver mais au renouveau assuré à chaque printemps, cet arbre bicentenaire est pour nous symbole de force pérenne, d'espérance et d'optimisme. En réalité Fernand tient le rôle de l'ordonnance qui avait été attaché au général Marc-Lucien Bénech. Fernand sera le parrain de la petite Marion, unique petite-fille de la grand-mère Bénech, il la gâtera, fabriquera lit de poupée, petite table pour écrire, il lui offrira les jouets importants, vélo, voiture à pédales, cheval à bascule (bien décevant : il ne bougeait pas tout seul), tant d'autres encore, présents d'autant plus extraordinaires que les enfants étaient à l'époque beaucoup moins gâtés qu'aujourd'hui.

La mission de l'hôpital Jean-Baptiste Thierry était de prendre soin d'enfants handicapés. Ils passaient en rangs devant notre maison lors de leurs « *promenades* ». Les religieuses de Saint-Charles, congrégation vouée aux malades, en avaient la charge et la responsabilité. L'importance des sœurs de Saint-Charles fut primordiale dans l'histoire hospitalière de la ville de Nancy – cette congrégation est l'un des grands propriétaires terriens de Meurthe-et-Moselle. Jean-Baptiste Thierry est à l'heure actuelle un centre pour polyhandicapés.

Jean Bénech obtient son bac philo, sciences, latin en 1907, il s'inscrit en PCN (physique, chimie, sciences naturelles) qui deviendra PCB (physique, chimie, biologie) puis sera encore transformé en PCEM (premier cycle d'études médicales).

Deux ans plus tard, il devient assistant de physiologie, publie sous la direction du professeur Spillman une étude sociologique sur la syphilis à Nancy et sa région. Le professeur Etienne, pour sa part, travaille sur la prostitution et son rôle dans l'extension de la syphilis. Le professeur Jacques Parisot, grand résistant arrêté le 9 juin 1944 et déporté au camp de Neuengamme-Hambourg, futur doyen de la faculté de médecine de Nancy, est également un grand clinicien, professeur de médecine sociale à Nancy ; il fonde en 1920 l'office d'hygiène sociale et de défense contre la tuberculose en Meurthe-et-Moselle. Tels sont les maîtres de Jean Bénech, ou ses « *patrons* » selon le jargon hospitalier.

Dans la présentation de ses travaux consignée dans un fascicule, *Exposé des titres et des travaux scientifiques*, il atteste une conscience tout-à-fait claire de la mission de l'hygiéniste. En voici un condensé :

L'hygiéniste est avant tout un médecin averti, doué de toutes les qualités cliniques. Une longue pratique hospitalière lui est nécessaire. Pour accéder à cette spécialité, l'hygiéniste doit, outre le diplôme de la spécialité, pendant les trois ans d'internat des hôpitaux, être passé dans des services de médecine générale, de médecine infantile, de maladies vénériennes et des services de pneumologie. La pathologie générale constitue la compétence essentielle : « *la formation au chevet du malade est la base de la science médicale* ». Pour tout médecin, hygiéniste ou pas, les outils essentiels sont « *l'œil et l'oreille* ».

C'est de Pasteur que date véritablement « *l'hygiène* », mais c'est peu à peu que la conception individuelle de la pratique accède à une conscience nationale et sociale. Ce sont les progrès de la législation qui amènent le domaine sanitaire vers des objectifs plus vastes, le premier principe de « morale sociale » étant la protection, la conservation et l'amélioration de la santé publique. L'hygiène sociale a pour but la protection de la santé publique et l'accès de tous à la meilleure santé possible, à tous les degrés et par tous les moyens, de la protection de l'enfance à celle de l'ouvrier dans l'atelier, du paysan dans ses terres, au citadin dans sa maison. Un grand effort doit faire passer l'activité médicale du domaine thérapeutique au domaine prophylactique.

L'hygiène sociale touche ainsi à beaucoup de questions d'ordre pratique. Le médecin hygiéniste est mêlé à la vie quotidienne. Il n'est pas engagé dans une recherche abstraite, spéculative. Le médecin hygiéniste s'appuie sur les moyens législatifs, l'éducation et la communication. Toutefois, la recherche et les techniques de laboratoire sont d'un grand secours dans l'évolution de l'hygiène qui est la résultante des connaissances médicales accumulées au cours des siècles.

L'hygiéniste doit être un clinicien d'abord, un administrateur ensuite. Jean Bénech rappelle que, s'étant consacré pendant plus de vingt ans à l'hygiène sociale, il a expérimenté combien il est nécessaire de continuer à vivre dans le voisinage des malades et de ne pas s'abandonner aux formules administratives seules, « *ce qui serait se livrer à la plus douce mais aussi à la plus dangereuse des paresses* ».

Le parcours universitaire et hospitalier de Jean Bénech éclaire la logique qui a forgé sa « *vocation à devenir médecin hygiéniste* », en « *obéissant à la grande évolution de [ses] sentiments* »[1]. Il restera attaché au service public, refusant une installation en cabinet médical : d'une part, il n'y a pas d'hygiéniste libéral ; d'autre part, répétait-il, *« je ne pouvais pas demander de l'argent à un malade que je venais de soigner* ».

Devenu un hygiéniste de premier plan dont les chevaux de bataille sont la lutte contre la tuberculose et les maladies vénériennes, il sait l'importance de la prévention. Les enfants et l'hygiène publique vont être ses principales sources de réflexion. Il fait sien l'adage de Jacques Parisot : « *Guérir, c'est bien ; prévenir, c'est mieux* ».[2]

Reçu à l'externat puis major de l'internat, promotion 1912, il est docteur en médecine en 1918, réussit le concours de chef de clinique en 1920, assure les conférences de clinique médicale et de pathologie de 1920 à 1924. Il supplée le professeur Etienne pendant les vacances universitaires. En 1924, il passe le concours de l'assistanat des hôpitaux, est nommé assistant de consultation le 4 avril.

Mon père est un homme de gauche, pacifiste, proche de la pensée de Jaurès, inscrit au parti socialiste en 1925, rebelle, indépendant, auto-discipliné, considérant son travail hospitalier comme beaucoup plus important qu'un service militaire qu'il jugeait sans utilité aucune. Il se fait réformer, est exempté en 1910 pour « *faiblesse générale* », baisse de tension et perte de poids… La chose lui fut facile : d'une part, il sait ce qu'il ne veut pas, d'autre part, il sait comment agir.

Mais, à la mobilisation – je le reconnais bien là –, il demande avec insistance à faire son devoir. Reconnu

---

[1] Jean Bénech : *Exposé des Titres et des Travaux Scientifiques*, 1932.

[2] Publication d'un ouvrage par Louis Spilmann et Jacques Parisot, 1925.

« *Bon pour le service armé* » le 12 octobre 1914, incorporé le 13, il est affecté comme médecin à l'hôpital de la Croix-Rouge à Vittel, puis part pour Dunkerque le 24 décembre. L'avancée allemande étant stoppée par la bataille de l'Yser, Dunkerque reste français. La ville est terriblement bombardée, ses établissements encore debout y accueilleront les blessés.

Est-ce à cette époque que se place l'épisode de Yanne de La Panne ? Près de Dunkerque, de l'autre côté de la frontière, une petite ville s'appelle ainsi, où ses camarades et lui sont cantonnés. Ils tombent sur une malle laissée, je suppose, par le « théâtre aux armées ». Que fait alors Jean Bénech, tout jeune médecin auxiliaire, militaire de deuxième classe ? Cet homme très comédien aime se costumer, il se déguise donc en femme, fait faire deux photos en grande capeline à aigrettes. Sur l'une d'elles, il est en train de mettre des bas, une jambe en appui sur une chaise, en *dessous* de l'époque bien sûr : pantalon à volants et caraco. La distinction de cette femme en chapeau et en petite tenue ne saute pas aux yeux, même si l'effet d'époque évoque irrésistiblement l'image emblématique de Marlène Dietrich dans *L'Ange bleu* ! Mais le visage de mon père n'avait rien ni de très fin, ni de très féminin, il avait un type basque marqué, teint foncé, grand nez très droit et bouche charnue, rien du visage d'une femme particulièrement avenante… La seconde photo est plus correcte, tailleur strict, clair, blouse à col montant, parapluie, la silhouette s'y montre aussi raide que le parapluie. Il envoie ces deux photos à sa mère en lui annonçant ses fiançailles avec une certaine Yanne de La Panne.

Evidemment, Geneviève est effondrée, désespérée, fait une crise de nerfs, et va pleurer dans les bras du curé de Maxéville. Cela fait un beau scandale. Il faut dire que ma grand-mère, femme de général, confite en dévotions, à cheval sur les principes, était une victime toute trouvée pour son carabin de fils. Peut-être étaient-ils tous aussi un peu surexcités par la proximité du danger …et par la bière belge. Mon père et ma grand-mère, chacun à sa manière, m'ont raconté cette histoire lorsque par hasard je suis tombée sur ces photos à Maxéville.

Jean est blessé à Nieuport le 26 mai 1915. La citation officielle précise : « *il est contusionné par l'éclatement d'un obus en revenant d'examiner les hommes de la 1ère batterie* ».

En juin 1915, il est affecté à l'hôpital Sédillot à Nancy puis à la 6e armée au Bourget. Le 4 octobre 1915, il intègre l'armée d'Orient, au 253e Régiment d'infanterie.

La maladie y frappe près de 95% des hommes : dysenterie, scorbut, maladies vénériennes. Le paludisme, présent de manière endémique en Macédoine, se développe à ce moment-là de manière foudroyante. Une grande partie des troupes est hospitalisée. Comme beaucoup, Jean y contracte une forme grave de paludisme qui le poursuivra pratiquement toute sa vie, d'où une hospitalisation à Salonique, puis à Nice et à Marseille.

C'est pendant cette période qu'il va acquérir sur le terrain l'expérience de la lutte contre les épidémies - typhoïde, tétanos, typhus etc. Il prend la mesure de la gravité et de l'importance du fléau que sont les maladies vénériennes.

Première citation à l'ordre de l'armée, le 1er octobre 1916 : « *Pendant la période des combats de 1916, il* [Jean Bénech] *a remarquablement organisé son poste de secours avec des moyens très incomplets et quoique déjà très fatigué, s'est dépensé avec un tel dévouement qu'il a dû s'aliter, sa tâche accomplie* »

Deuxième citation, le 6 novembre 1917 : « *Médecin d'un dévouement exemplaire du 25 juillet au 5 octobre 1917 dans un secteur très agité où le groupe a subi des pertes nombreuses, a tenu à rester constamment sur les positions de batteries – Le 18 septembre, un obus de gros calibre étant tombé sur un abri du groupe voisin ensevelissant huit hommes, n'a pas hésité à se porter à leur secours sous un bombardement violent et à sauver la vie à quatre d'entre eux. »*

Je l'ai connu ainsi : toute sa vie, mon père fera preuve de courage et d'une incroyable générosité, en toutes circonstances.

C'est à Salonique qu'il côtoie Jacques Majorelle. La famille Majorelle, dynastie de trois générations, est célèbre dans le domaine des arts décoratifs liés au mouvement artistique de l'Ecole de Nancy dès la fin du XIXe siècle. Nancéien comme lui, de deux ans son aîné, atteint de tuberculose (il sera réformé quelques mois plus tard), Jacques sympathise avec Jean, et fait son portrait. Ce tableau est retrouvé en 1940 dans le grenier de la maison Majorelle à Nancy par M. Leblanc, adjoint au conservateur du musée des Beaux-Arts et grand ami des Bénech, ma mère participant beaucoup aux activités culturelles de la ville. Le tableau n'est pas terminé, le paysage n'y est qu'à peine esquissé, la pipe n'est que devinée par la position de la main. Selon les dires de mon père, il aurait été peint au cimetière militaire français de Salonique en 1916.

Jean Bénech est rayé des cadres le 8 décembre 1922, avec le grade de lieutenant. Pour maladie contractée en service, il est pensionné à 65%.

NANCY

Médecin-adjoint de la Ville de Nancy en 1920, Jean Bénech est alors assistant des hôpitaux ; en tant que chef de clinique, il est également chargé de cours à la faculté de médecine. Promu titulaire du poste à la Ville le 1er janvier 1923, il est chargé de l'organisation de l'inspection médicale des écoles ainsi que du dispensaire de salubrité publique.

En 1929, diplômé supérieur d'hygiène de l'université de Nancy, Jean Bénech devient directeur du service d'hygiène – l'un des premiers de France, ce qui permettra à la ville de Nancy de conserver le dernier service municipal d'hygiène après leur absorption par le ministère de la Santé. Jean Bénech peut alors exercer ce en quoi il croyait farouchement, jusqu'à la fin de ses activités.

Il met en place une véritable politique de santé publique, en particulier auprès des enfants. Il met sur pied les vaccinations gratuites au service d'hygiène, place Saint-Epvre, ouvert une fois par semaine en avril, mai et juin, à un rythme plus rapproché les autres mois. Il met en œuvre une vaccination antidiphtérique systématique dans les écoles de la ville. L'inspection médicale des écoles est assurée par des médecins généralistes et des spécialistes (ORL, ophtalmologistes, assistants sanitaires). Plus de quinze mille enfants sont concernés.

Une des réalisations de Jean Bénech les plus innovantes pour ces enfants, à une époque où la notion même de vacances n'existait pas, est la création, à proximité de Nancy et de la forêt de Haye, de l'école de plein air de Gentilly qui s'adresse aux enfants chétifs, souvent sous-alimentés, tandis que la colonie scolaire Joseph-Antoine s'adresse à tous les enfants : en 1921, elle accueille 884 enfants, en 1937 ils seront 1 564. Je me souviens de la cuisine, des fourneaux monumentaux et des énormes faitouts : les cuisiniers et leurs aides paraissaient tout petits, c'était très impressionnant pour la petite fille que j'étais. Jean Bénech est attentif aux troubles du sommeil de l'enfant, souvent dus au surmenage et « *malmenage* » [sic] scolaires ; il insiste sur le rôle préventif de l'éducation physique.

Mon père m'emmenait partout, pratiquement tout le temps, il tenait à ce que je vive au milieu des adultes, je déjeunais ou dînais à table avec les invités, je restais assise sur les marches d'un escabeau de bibliothèque en chêne pendant des heures au salon, sans broncher et sans même m'ennuyer. Il mettait en pratique ses théories sur la formation des enfants qui ne pouvaient éviter une forme pernicieuse d'infantilisme qu'en vivant auprès des préoccupations des adultes, il voulait faire de moi non seulement une petite fille bien élevée mais apte à écouter et comprendre.

En 1932, il avait fait paraître un *Essai sur l'éducation de la jeune fille moderne* ! Adepte d'un féminisme sans doute bien dépassé depuis, il y insiste sur les qualités intrinsèques de la femme sans accorder d''importance à son épanouissement professionnel. Il ne fait état que de son rôle en société et de son influence auprès de son mari. Pourtant, en 1931, il publiait dans cette même revue un article sur *La main d'œuvre féminine et l'évolution sociale moderne* dont le titre semble plus proche de nos préoccupations actuelles.

Jean Bénech est très présent au centre hospitalier de Rosières-aux-Salines, Fondation Victor-Poirel, qui reçoit chaque année une centaine d'enfants convalescents ou particulièrement chétifs. Nous y passions quelques semaines d'été. Mon père y observait la réaction à la vaccination antituberculeuse sur cette population fragile. Le BCG, qui protégeait des graves conséquences dues aux primo-infections, a permis, sinon une éradication totale de la tuberculose, en a tout au moins notablement enrayé la prolifération. Je le vois revenir, toujours levé tôt – accoutumé aux pratiques hospitalières – après qu'il fut allé relever les urines des petits pensionnaires afin d'en faire les analyses.

Souvenir de cuisine encore, je sens encore l'odeur du café et celle de la soupe de légumes que les religieuses de Saint-Charles tenaient au chaud toute la journée sur le coin de la cuisinière à bois ou à charbon, et qui étaient si gentilles avec moi. Mais elles ne se rendaient pas compte à quel point le mélange de ces effluves était écœurant.

Les *maisons closes* sont alors regroupées dans le quartier Saint-Epvre à proximité de la basilique, le service d'hygiène se trouve lui-même place du terre-plein Saint-Epvre. Pour lutter contre les maladies vénériennes, Jean Bénech rend obligatoires des consultations hebdomadaires. Au laboratoire du service d'hygiène, il travaille avec le docteur Chiclet à un nouveau traitement de la syphilis. Je garde le souvenir, un peu impressionnée, de la montée de l'escalier qui allait à son bureau, de la file d'attente des femmes le long des marches, de la grande affiche de propagande sanitaire qui représentait une femme très maquillée, aux cheveux noirs avec la frange coupée à la garçonne et un sein dénudé avec ce que je ne savais pas être alors le signe clinique de l'infection syphilitique : le chancre.

En 1929, novateur et organisateur, il met en place un service médical pour les employés municipaux, s'occupe également de la question des logements insalubres dont il organise la désinfection et la dératisation, élabore un plan de restructuration du quartier Clodion dans le centre de Nancy. Ce n'est que le 1er mai 1938 que paraîtront au Journal Officiel cinquante-trois décrets lois prévoyant dix milliards de francs de dépenses pour la destruction des taudis. Le plan Nancy ne sera réalisé que bien après 1945. En 1930, Jean Bénech conçoit déjà ce que beaucoup plus tard on appellera un « *plan canicule* », comprenant les précautions à prendre en cas de fortes chaleurs !

L'une de ses grandes préoccupations auprès de la municipalité est l'assainissement des eaux de la Moselle qui alimente Nancy. Il participe avec les ingénieurs et techniciens à la conception de l'usine de l'ozone à Messein, près de la ville, qui en assurera efficacement la sécurité sanitaire.

Une autre de ses préoccupations en tant qu'hygiéniste est la protection des denrées alimentaires, qui peuvent être à l'origine de la typhoïde ou de toutes autres graves maladies digestives : toujours précurseur, il fait prendre des arrêtés municipaux qui interdisent l'exposition à l'air libre et à moins de soixante-dix centimètres du sol des denrées de consommation cuites ou non cuites, beurre, fromages, fruits etc., certaines autres, poissons, crustacés, gâteaux ne devant être exposées qu'en magasin, enveloppées hermétiquement, ou protégées par des vitrines fermées sur trois faces. L'arrêté est intégralement appliqué. Des conférences publiques ont permis aux consommateurs de comprendre l'importance d'une telle protection et d'en exiger eux-mêmes l'application.

En 1931, il organise les secours aux asphyxiés et aux noyés, avec une formation particulière pour les sapeurs-pompiers qui sont dorénavant accompagnés d'un médecin pouvant donner les premiers soins sur place : en réalité, le premier SAMU. Certaines voitures de pompiers et ambulances sont équipées, sur les indications de Jean Bénech, d'appareils de respiration artificielle, de matériel de sauvetage aux noyés, une voiture est munie d'un ventilateur-aspirateur pour lutter contre les asphyxies dues au gaz de carbone, et aux fumées dégagées lors des incendies.

Il prend souvent lui-même la garde de nuit, il lui arrive quelquefois de ne pas vraiment s'en souvenir le lendemain matin. J'étais étonnée et pensais qu'il avait rêvé, mais maman le confirmait, j'ai sur ce point un souvenir précis qui remonte à l'époque où nous habitions 12 rond-point Lepois.

Toujours convaincu que la meilleure prévention passe par la communication et l'éducation sanitaire, Jean Bénech organise et donne toute une série de conférences dans les usines. Ses sujets de prédilection sont la lutte contre la tuberculose et les maladies vénériennes. Aussi insiste-t-il sur la nécessité d'informer les jeunes recrues à la veille de leur départ au régiment. Dans les usines, il parle formation professionnelle et même chômage, source de mauvaise santé mentale et physique.

Le 20 juin 1931, le maire de Nancy écrit au préfet de Meurthe-et-Moselle que, «*dans ses fonctions, [Jean Bénech] a fait profiter la Ville de Nancy de sa culture médicale générale et de ses qualités d'hygiéniste consommé* ».

Il reçoit la médaille des épidémies en 1931 : une distinction instituée en 1884, à la suite d'une grave épidémie de choléra, et attribuée à l'origine par le ministère du Commerce dont dépendaient les services de l'hygiène publique, puis par le ministère de l'Intérieur, et enfin par le ministère de l'Hygiène qui devient le ministère de la Santé publique.

C'est à cette époque qu'il rencontre Simone Geismar.

Le nom de Geissmar devient Geismar lorsqu'Alfred, natif de Romansviller (Bas-Rhin), refuse la nationalité allemande lors de l'annexion de l'Alsace et de la Lorraine en 1870, il sera « *délié de sa sujétion du pays d'Alsace-Lorraine* » le 7 juillet 1882 et réintègre alors la nationalité française.

Geismar deviendra parfois Gesmar : signature d'artiste pour Charles, frère de Simone Geismar, femme de Jean Bénech et, pour Robert, autre frère de Simone, mais pour cause de clandestinité pendant l'Occupation.

Simone Geismar avait épousé son cousin germain André Théodore. André et Simone ont un fils, Gérard, futur Compagnon de la Libération. En 1929, Simone maigrit, est extrêmement fatiguée. Robert, l'un de ses frères, futur commandant du maquis du Vercors, très inquiet du diagnostic de tuberculose établi par le médecin de famille, appelle en consultation un de ses amis médecins, Jean Bénech. Celui-ci n'arrive pas aux mêmes conclusions puisque, à l'auscultation, il n'entend aucun signe d'atteinte pulmonaire et diagnostique, lui, une thyroïde défaillante. Simone évite ainsi un séjour en sanatorium et la contagion probable, elle qui n'était pas tuberculeuse ! Marion Bénech est née l'année de l'avènement de Hitler, le 6 mai 1933, Simone et Jean se marient le 18 juin 1935 à Nancy et s'y installent jusqu'en 1942.

Le fascisme est en plein essor en Europe, non seulement en Allemagne, avec la violation du traité de Versailles et l'occupation de la Ruhr, la démonstration spectaculaire des forces hitlériennes lors des Jeux olympiques, la création en Allemagne d'un service militaire obligatoire de deux ans, les accords Hitler-Mussolini, la guerre civile espagnole et l'avènement de Franco, le pacte anti-Komintern entre le Japon et l'Allemagne, que l'Italie signe en 1937... Dans ce contexte, le 5 janvier 1937, Simone Jean-Bénech signe auprès des services de la préfecture « *vouloir s'engager pour la durée de la guerre, pour participer à la défense passive de Nancy*[3] *dans les conditions ci-après Services locaux de la ville de Nancy.* » La décision semble bien précoce, mais le texte porte bien cette date : déclaration de principe et sans prémonition aucune, ou au contraire dictée par une singulière clairvoyance, initiée par mon père ?

Un document en français et en allemand stipule que ma mère fut infirmière-chef du service sanitaire de la défense passive de la ville de Nancy du 1er septembre 1939 au 20 juin 1940. Sorte de certificat de travail qui la libère de son service en raison de l'occupation allemande.

Un courrier du 16 mai 1942, du maire de Nancy, rapporte qu'elle s'est consacrée aux œuvres scolaires et post-scolaires, en particulier auprès des jeunes enfants. La date correspond à notre départ à Lyon en zone libre. S'agit-il d'un sauf-conduit lui permettant de passer en zone libre, de traverser la ligne de démarcation ? Je n'ai aucune possibilité de vérifier cette hypothèse. Et nous n'en sommes pas là...

1939 est une année cruciale pour les services d'hygiène de la ville. Jean Bénech constate que les enfants paient lourdement la situation générale :

- insuffisance alimentaire,
- traumatisme psychique, dû à l'inquiétude ambiante : rappel des réservistes le 24 septembre 1938, en raison de la tension entre l'Allemagne et la France, comme la montée du fascisme européen, et les menaces de guerre de

[3] Simone Jean-Bénech est Infirmière Z : rattachée à la Croix-Rouge, affectée aux postes de secours et à la défense passive en temps de guerre.

plus en plus présentes malgré les accords de Munich le 29 septembre 1938, qui auraient dû éviter la guerre en abandonnant le territoire des Sudètes à Hitler. Ces accords ne seront qu'un leurre et n'éviteront ni l'invasion de la Pologne, ni la mobilisation générale, ni la déclaration de guerre *obligée* de l'Angleterre et de la France le 4 septembre1939,

- difficultés dans lesquelles se trouvent plongées de nombreuses familles, depuis la crise de 1929,
- carences de la surveillance médicale, causée par la désorganisation des services hospitaliers, résultant elle-même de la mobilisation des personnels de santé : la tuberculose, le rachitisme, l'hérédo-syphilitisme et l'hérédo-alcoolisme progressent.

Jean Bénech en déduit ceci, dans un courrier adressé au maire de Nancy : « *l'inspection médicale des écoles a une importance sociale encore plus grande que l'importance médicale* : *il va falloir suppléer aux carences familiales de toutes natures et ainsi nous rendrons au pays le plus grand service en sauvegardant les générations à venir* ».

Soutenu par le maire, Camille Schmitt, médecin lui-même, Jean Bénech considère que c'est à l'administration municipale de prendre les enfants en charge. Il crée donc le carnet de santé et la fiche médico-sociale.

Il s'entoure d'une équipe conséquente : trois médecins (les docteurs Marche, Paysant et Grymbert, Juif polonais, atteint d'une poliomyélite – il réapparaîtra lors de l'aventure lyonnaise), deux étudiants en fin d'études, trois étudiants en éducation physique et rééducation, ainsi que huit assistants sanitaires. Son budget s'élève à 43 200 francs.

Il ne veut pas de « *médecins installés, trop tributaires des visites et des consultations, mais des médecins municipaux à la disponibilité pleine et entière* ».

Il ne peut obtenir de moyens supplémentaires qu'en affichant l'efficacité de son action : elle est attestée par l'indice de vitalité de Nancy qui est une des cinq villes de France, en cette période difficile, où le nombre des décès est en baisse par rapport à la moyenne des dix dernières années.

Quatre-vingt-cinq ans plus tard, Isabelle Bohl, docteur en médecine, gynécologue-obstétricienne, poursuit le travail de son grand-père. Elle a coordonné dans le bulletin d'information de l'Ordre national des médecins de mars-avril 2012 un dossier intitulé *Enfants et adolescents, les oubliés des plans de santé publique*. Son point de vue aurait pu être signé Jean Bénech : elle signale l'absence de consultations médicales scolaires, le manque de vaccination et les tendances addictives ; elle préconise des solutions préventives. Un article témoignage signé d'une consœur est intitulé *Il faut sauver la médecine scolaire*.

Il est émouvant de voir la petite-fille marcher tout naturellement sur les pas de son grand-père, et combien rassurant de voir la continuité d'une philosophie médicale – bien décevant aussi de se rendre compte que tout est à recommencer, toujours, que rien n'est jamais acquis !

De cette période, un souvenir très précis : avec stupeur, je vois mon père refaisant le pansement de la spectaculaire brûlure qu'il s'est volontairement faite avec de l'ypérite sur l'avant-bras, afin de pouvoir étudier l'évolution et les possibilités de traitement en cas d'attaques par ces gaz de combat. Cette scène, dans le salon, l'expression de douleur qu'il avait – je me suis sentie indiscrète, ai vite refermé la porte. Il gardera à vie, de cette expérience, une très profonde et très vilaine cicatrice, qui figure comme un signe distinctif sur sa fiche d'identification du camp de Mauthausen.

3 septembre 1939, virage de tant de vies, début de tant de souffrances, d'interrogations et de destins chamboulés.

Depuis 1933, beaucoup en France se posaient des questions sur l'avenir de l'Europe, du pays, sur la perspective d'une guerre. Les inquiétudes diffèrent selon les appartenances politiques, nationales ou religieuses – très vite on parlera de race. Pressentiments douloureux, choix de vie difficiles. D'Allemagne, beaucoup sont partis, de plus en plus hâtivement, juifs ou non, des savants comme Einstein, des artistes, Paul Hindemith, Kurt Weill, Stefan Zweig... – des Français les rejoindront.

Ce 3 septembre est la date fatidique, à laquelle on s'était refusé à croire, de la déclaration de guerre et ses conséquences : évacuation des Alsaciens vers la Dordogne, offensive française refoulée en Sarre et interdiction du parti communiste.

De cette journée importante pour l'encore très petite fille que j'étais, je conserve le souvenir comme dessiné à l'encre de Chine. Je joue tranquillement après le déjeuner, quand mon père, l'air sévère, même dur, très dur, avec ce regard noir que l'on appellera plus tard le « *regard Bénech* », annonce qu'il m'emmène immédiatement à Maxéville chez ma grand-mère Bénech. L'appartement, dit-il, est trop près de la gare : en réalité, la maison de Maxéville n'est guère plus éloignée de la voie de chemin de fer, mais telle est la logique des grandes personnes. En réalité, mon père, responsable de la sécurité civile, a deux motifs : il veut mettre sa fille à l'abri d'éventuels bombardements de la gare, tout de même très proche, et ils vont, sa femme, et lui, être bien trop occupés pour garder auprès d'eux une gamine de sept ans. Ils la reprendront d'ailleurs très vite contre eux, à l'instar de cette statue de l'église Notre-Dame de Bonsecours, dans l'église de style baroque qui porte le même nom, et qui abrite sous son manteau un certain nombre de personnages.

Pour la première fois, je vais apprendre à retenir mes larmes, pour la première fois un événement brusque, dont l'origine n'est pas familiale, me tombe dessus – il y en aura d'autres ! Mais je ne sais pas encore que je finirai par aimer les aventures (un peu trop peut-être) et que c'est la première pierre de mes capacités de défense, le début de mon implication dans la vie.

Je n'aime pas du tout, je crois même que je déteste la maison de Maxéville, trop grande, trop meublée, trop sombre, triste puisqu'insuffisamment habitée, figée dans un style 1900, ce salon d'hiver qu'on appelait *la serre* inhabité sauf par deux énormes têtes en plâtre qui représentaient l'une le Rhône et l'autre Socrate, au-dessus de deux monumentales armoires lorraines tout au bout des quatorze mètres sur le mur du fond, ces têtes étaient juste face à soi lorsque l'on franchissait la porte – c'était horrible et paniquant.

Ma grand-mère Bénech était elle-même très étrange, tellement ravinée, une perruque acajou, des yeux gris en amande, perçants, de vrais yeux de chat, des mains noueuses qui sentaient l'eau de Javel – autrefois l'eau de Javel sentait vraiment très fort. Je lui trouvais un air de sorcière, tout le contraire de mon univers.

On vivait uniquement dans ce qu'on appelait la petite salle à manger – nous n'aurions jamais pris nos repas dans la cuisine, si belle et si grande, cela ne se faisait pas ! Ma grand-mère n'avait pas les moyens d'entretenir et de chauffer cette immense maison, d'où le Godin rond et noir, avec sa porte dont la grille en fonte était doublée de mica rouge, dans cette salle, seule pièce sombre de la maison, qui ne voyait jamais le soleil, au rez-de-chaussée, les meubles sombres, les deux lampes à huile en bronze qui encadraient la pendule, en bronze aussi, sur la cheminée en marbre marron. Des tableaux pas très rassurants, ni par les teintes, ni par l'histoire qu'ils racontaient : l'un représentant Copernic et sa mappemonde, « *Et pourtant, elle tourne !* », l'autre représentant la femme adultère de la Bible – au moins, j'y ai appris que les autorités n'avaient pas toujours raison, que le chercheur n'avait pas toujours tort, et surtout que « *celui qui n'a jamais péché lui jette la première pierre* ». J'y suis si peu heureuse dans cette maison que, d'une nature plutôt calme et tranquille, plutôt obéissante, je vais entreprendre de m'en aller : il fait nuit, je veux rentrer chez moi, cela n'était pas difficile, je n'avais qu'à suivre les rails du tramway – on m'a rattrapée *in extremis* à la porte du jardin. C'est aussi dans cette affreuse pièce que mon père a voulu vérifier l'efficacité de mon masque à gaz, jusqu'à la limite de l'étouffement, évidemment par sécurité et non par sadisme, je n'en connaissais pas le mot, mais je crois bien que c'est la perception que j'en ai eue.

La défense passive est organisée à Nancy sous la direction de Jean Bénech, directeur-adjoint de la défense passive urbaine – René Bertin, secrétaire général de la mairie, en est le directeur. Nommé le 17 mai 1939, responsable des personnels sanitaires et Z, il a en charge leur formation. Ceux-ci « *peuvent être amenés à donner leurs soins aux victimes des agressions d'origine aérienne ou terrestre par obus ou bombes explosives, incendiaires ou à gaz* ».

En réponse à un décret du ministère de la Défense nationale et de la Guerre, direction de la défense passive, du 18 avril 1939, qui préconisait l'enrôlement d'un personnel civil disponible à toute heure – ce qui est impossible : chacun a une vie professionnelle – Jean Bénech ne peut qu'envisager la possibilité de constituer des équipes de secours permanentes, toujours les mêmes, rassemblées à un endroit déterminé et prêtes à intervenir, fonctionnant sur le modèle de l'organisation des pompiers, la rapidité d'intervention médicale et sanitaire étant primordiale. C'est son organisation qui a prévalu.

Il n'y a pas de rentrée scolaire le 1er octobre 1939, lycées et écoles primaires de Nancy sont fermés. Le lycée de Santifontaine va servir d'hôpital secondaire dit *de l'arrière* et l'école de Boudonville de quartier général pour les postes et les équipes permanentes de secours.

Ce lycée-hôpital devient notre domicile, mon père en étant le médecin-chef et ma mère chargée de l'organisation du personnel infirmier. L'atmosphère y est étrange pour un hôpital : on y attend des blessés comme certains commerçants attendent le client qui ne vient pas. Jamais un malade, sauf moi, qui avais rejoint les parents, affectée de vomissements quotidiens, vraisemblablement psychosomatiques, à tel point qu'un pédiatre de Strasbourg, mobilisé qui passait par là, prescrit du bicarbonate de soude avant chaque repas. Ce n'était pas bon mais cela s'est avéré efficace. De passage aussi – d'où et pourquoi ? Je ne sais pas – un médecin chinois et sa femme. Mais ni malade, ni blessé. Cet univers en vase clos a d'ailleurs engendré ce qui aurait pu être un drame, un chauffeur ivre ayant poursuivi une infirmière avec un couteau, je me souviens de la course précipitée dans cet escalier monumental de lycée, de ma frayeur et de la présence rassurante de mon père. Ce n'était pas un cauchemar éveillé : j'ai retrouvé une note de service concernant les protagonistes de cet épisode.

Mon frère Gérard, interne au lycée impérial de Coutances, créé en 1853 par Napoléon III, y prépare le concours d'entrée à Polytechnique, les classes préparatoires aux Grandes écoles y ayant été transférées en octobre 1939. Venu pendant la période de Pâques, il m'a lancé en repartant un retentissant : « *Aux grandes vacances, ma vieille !* ». Ces grandes vacances durèrent jusqu'en août 1944, après la libération de Paris, après qu'il fut passé par Londres et les Forces Françaises Libres, après qu'il eut combattu à Bir Hakeim en Libye. Il m'a toujours appelée ainsi, malgré mes douze ans et demi de moins que lui. Combien de fois a-t-il dit : « *T'es pas causante, ma vieille* » ? Quelle n'était pas ma fierté de déambuler dans les jardins du lycée de Santifontaine juchée sur ses épaules – il mesurait, je crois bien me souvenir, un bon mètre quatre-vingt-deux. Selon l'expression populaire, le roi n'était pas mon cousin ! J'ai la faiblesse de croire qu'il était aussi fier de sa petite sœur que moi de mon très grand frère – il faut dire que mon père n'était pas grand et que je l'ai toujours comparé à un petit pruneau d'Agen, avec un peu de moquerie mais avec beaucoup de tendresse.

Maman m'a raconté qu'un jour, nous promenant rue de Rivoli à Paris, j'étais encore très petite, Gérard lui a demandé si j'épouserais le Président de la République. Ce doit être ce jour où j'ai été scandalisée par les statues des fontaines de la place de la Concorde, parce que les dames se baignaient toutes nues devant tout le monde, un de mes tout premiers souvenirs. Je me scandalisais facilement. Je me souviens qu'un de ces dimanches après-midi où j'assistais avec ma grand-mère Bénech à l'opérette traditionnelle, mon père ayant systématiquement deux places au Grand théâtre de Nancy, comme médecin de la Ville – c'était ce jour-là *Les mousquetaires au couvent* –, l'un des personnages, durant la scène d'un repas, fait tomber une feuille de salade : il la ramasse, la remet négligemment dans le saladier ! En petite fille bien élevée, j'étais outrée !

Nous avons dû rentrer à la maison après Pâques, donc après le 24 mars 1940. Je suis allée en classe à l'école primaire de filles de Maxéville pendant le premier trimestre de l'année scolaire de 1939-1940, puis nulle part pendant le deuxième trimestre de 1940, comme quelquefois les nomades, puis j'ai été scolarisée durant le troisième trimestre de cette étrange année scolaire dans la seule école – cours privé – ouverte près de la maison. Nous y apprenions des pages entières d'histoire sainte et les dix Commandements de Dieu, grâce auxquels je me suis offert mes premières suppressions de récréation, il me manquait sérieusement la mémoire du perroquet…

Déjà trois rentrées scolaires, en comptant le petit lycée Jeanne d'Arc au troisième trimestre 1938. Ma scolarité que j'appelle de nomade avait bien commencé, c'était loin d'être fini ! Je suis certaine que nous étions bien dans la cave du 12 rond-point Lepois pour mon premier bombardement, le 10 mai 1940, même pas peur, non plus lors des nuits passées dans la cave à Maxéville où ma grand-mère Bénech avait installé un véritable dortoir, mais refus absolu de ma part – pudeur, timidité ou protection du jardin secret ? – de dire tout haut, devant les voisins Pointet qui venaient se mettre à l'abri, le *Notre Père* et le *Salut Marie*. Mais je peux y dormir toute seule jusqu'à 9 heures du matin, les autres s'étant levés et ayant filé lorsque la sirène annonçait la fin de l'alerte.

L'hiver 40 fut terrible, avec une épaisseur de neige impressionnante. Il s'ajouta aux difficultés et complications de ce que l'on a appelé *la drôle de guerre*.

Depuis la mobilisation de 1939, la charge qui incombe à Jean Bénech l'oblige à faire face à une situation des plus pénibles. Les blessés laissés sans soins, les services publics déficients : absence d'eau et d'électricité, hôpitaux en désarroi et dans l'incapacité de fonctionner, les médecins étant mobilisés. Le directeur des abattoirs l'étant lui aussi, la surveillance de ceux-ci relevant du service d'hygiène de la Ville, voici mon père qui en assure tout naturellement la direction ! Il récupère les vivres abandonnés en gare ou dans les magasins de l'intendance, et les stocks alimentaires laissés par les commerçants en fuite.

Les autorités responsables restées à Nancy – le maire, le secrétaire général Bertin et Jean Bénech, avec Simone Bénech – apportent les secours qu'ils peuvent à une population réduite par l'exode, mais augmentée des réfugiés du nord du département, qu'il faut accueillir.

Entre le bombardement du 10 mai 1940 et l'arrivée des Allemands le 18 juin, nous avons habité une des plus belles mairies de France, construite sur le modèle du château de Versailles par le roi de Pologne Stanislas, gendre de Louis XV. C'est en ce lieu que la petite fille que j'étais encore s'est pour la première fois retrouvée au cœur d'événements proprement historiques.

Le 18 juin, jour anniversaire du mariage de Simone et Jean Bénech, après le déjeuner que nous avions pris dans *le grand salon*, avec le maire, le secrétaire général et le capitaine des pompiers, mon père sombre, fermé et gris d'émotion ainsi que le docteur Schmitt, sont allés « *donner les clefs de la Ville* » et déclarer Nancy « *ville ouverte* ». Où et comment ? Quelle est la procédure en pareille circonstance ? La frontière est à vingt-cinq kilomètres de Nancy, le département de Meurthe-et-Moselle devient zone interdite, « *zone rouge* », il faudra des « *laissez-passer* » délivrés par l'occupant pour circuler, alors que les départements du Bas-Rhin, du Haut-Rhin et de la Moselle annexés sont rattachés à l'Allemagne.

Je me souviens fort bien de la masse d'armes déposée sur la place Stanislas, vue derrière les vitres d'une pièce du premier étage de la mairie – que je devais retrouver bien des années plus tard comme bureau de l'adjoint aux finances – ma mère, assise sur le côté de la fenêtre, pleurant devant cette reddition, pendant que le capitaine des pompiers Thouvenin jouait avec moi aux cris d'animaux. Je me souviens également très bien des side-cars, des sourires et des bonjours de la main envoyés par les soldats casqués tournant en manège autour de la place, ainsi que du bruit des camions et chenilles qui m'avaient réveillée dans la nuit, je couchais dans ce bureau sur un lit de camp avec pour oreiller une valise en paille. J'y eus ma première peur d'un uniforme d'officier allemand : un homme de dos, en bottes et culotte de cheval, occupait *mes* toilettes, j'ai pris mes jambes à mon cou…

Autre souvenir : quelques jours avant l'arrivée des Allemands, vers le 15 ou 16 juin, le retour sur la place Stanislas de ce qui m'apparut être une foule, la place pleine et noire des Nancéiens partis sur les routes, ceux qui avaient voulu prendre la fuite, dans la panique de l'approche de l'armée allemande, se retrouvant dans une file de réfugiés à pied ou en carriole ou en voiture, ils sont revenus sur leurs pas très vite. La ville s'était vidée, les gens revivaient avec angoisse la guerre dite de Quatorze : j'ai reconnu Fernand, mon parrain, dans cette foule – son frère cheminot s'était suicidé en se jetant sous un train à l'annonce de l'approche de l'armée allemande. Nous avions fait, la fille d'une infirmière et moi, du musée des Beaux-Arts une magnifique salle de jeu : il était évidemment fermé, bardé de sacs de sable, les fenêtres décorées par les bandes adhésives préconisées par la défense passive, de celles du premier étage, nous avions une vue imprenable.

Puis nous sommes rentrés 12 rond-point Lepois.

Les ennuis commencèrent dès 1940. Mon père, qui ne signera pas le serment de fidélité à l'Etat français – l'allégeance, pour l'ensemble des fonctionnaires, au maréchal Pétain, est requise le 4 octobre 1940 par acte constitutionnel – a fait l'objet d'observations de la part d'un officier sanitaire de la *Feldkommandantur* 591, courrier signé « *Memmert*, Stabzarzt », du 13 novembre 1940 : « *Sur ordre de l'Administration militaire en France, un avertissement doit être donné à M. le Dr Bénech et à ses médecins auxiliaires qu'une plainte de la*

Feldgendarmerie *de Nancy en date du 23 octobre 1940,* [...] *il n'effectue pas les soins nécessaires aux prostituées, [...] que l'hôtel installé par la* Wehrmacht *est l'objet de difficultés de la part des médecins ci-mentionnés,* [...] *qu'en cas de récidive, ces deux faits devraient être considérés comme actes de sabotage à l'endroit de la* Wehrmacht ».

Mon frère Gérard, depuis son périple en Allemagne, d'une auberge de jeunesse à l'autre, est profondément antifasciste : les échanges qu'il a pu avoir avec la jeunesse, les conversations avec un professeur d'allemand nouvellement convaincu par le national-socialisme, l'ont particulièrement marqué et impressionné. Il n'arrive pas à croire qu'il n'y a aucune échappatoire à cette catastrophe qu'était le nazisme, et ne peut admettre cet armistice du 22 juin.

Il rejoint l'Angleterre : le 25 juin 1940. Il a entendu des bribes d'un discours d'un général de Gaulle par une fenêtre ouverte en passant par hasard dans une rue de Coutances[4]. Il est bien décidé à rejoindre Londres et ce général. Un de ses camarades lui indique un pêcheur de Granville qui peut l'aider à quitter le continent par les îles Chausey puis Jersey : il rejoint Granville à bicyclette et embarque le 25, de là un navire de commerce l'emmène en Angleterre où il s'engage dans les Forces Françaises Libres le 1er juillet 1940.

Si l'hiver 1939-1940 fut exceptionnellement froid, l'été qui suivit fut tout aussi exceptionnellement chaud. Les traces de pneus des camions et des chenilles enfoncées dans l'asphalte fondu y laisseront des sortes de festons sur les trottoirs, ces trous y resteront jusque bien après la guerre.

Les Allemands étaient partout. Nouvelle peur de l'uniforme : ma tête arrivait à la hauteur du petit sabre que

---

[4] Georges-Marc Bénamou, *Les rebelles de l'an 40*, Robert Laffont, 2010.

les officiers avaient à la ceinture un peu vers l'arrière, je me trouvais derrière l'un d'eux aux Magasins réunis, je ne disais rien, mais j'en tremblais.

Les locataires et propriétaires du 12 rond-point Lepois étaient partis comme la plupart des Nancéiens. Nous habitions deux petits appartements en vis-à-vis au rez-de-chaussée, c'était agréable. Mon père avait son bureau, et c'est en ce lieu protégé, auprès de lui, que j'ai découvert le plaisir de la lecture, à plat ventre sur le tapis, tandis qu'il travaillait. Je pouvais profiter d'une jolie cour-jardin et aller jouer dans la rue avec une petite voisine en sautant par la fenêtre du bureau, contrairement aux contraintes habituelles. Avec le recul, je pense que ce fut une de mes bonnes périodes, j'étais libre, affectivement au chaud, cocon durable et résistant aux aléas et aux tumultes extérieurs.

La vie n'était pourtant pas si simple. Je me revois, toujours à plat ventre sur le sol, absorbée dans la contemplation de la planche des drapeaux du grand Larousse en sept volumes, lorsqu'un soldat allemand, venu se renseigner sur les appartements abandonnés par les locataires du 12, a surgi. Maman une fois de plus ne m'a pas paru très fière devant le regard attendri de ce soldat me surprenant dans une occupation patriotique, peut-être avait-il une petite fille au pays qui, elle aussi, apprenait l'histoire dans une encyclopédie allemande. Durant cette période, les soldats occupants étaient avenants, ils se contentaient de vider les caves à vins français, cassaient parfois par erreur des bouteilles d'huile ou dépeçaient les livres d'art pour récupérer les images.

Jean Bénech est chargé à titre temporaire des fonctions de médecin inspecteur de la santé de Meurthe-et-Moselle par un décret pris le 21 janvier 1941, en remplacement du docteur Lévy suspendu en application des lois anti-juives édictées par le gouvernement de Vichy le 3 octobre 1940.

En effet, dès les premiers jours de juillet 1940, une batterie de lois est promulguée, contre les francs-maçons, les immigrés étrangers ou apatrides, ou naturalisés depuis 1927, même les enfants d'étrangers nés en France et déclarés français par leurs parents subiront la révision des nationalisations. Le régime de Vichy, qui affirme sa nature nationaliste et xénophobe, réserve aux seuls Français de souche l'ensemble des professions libérales et certains postes de la fonction publique.

Le 10 juillet 1940, réunis à Vichy, la majorité des députés et des sénateurs présents vote la révision de la constitution. Philippe Pétain obtient tous les pouvoirs, cumulant les fonctions de chef de l'Etat et de chef du gouvernement : c'en est fini de la République. Dans son message radiodiffusé le 30 octobre, après l'entrevue de Montoire avec Hitler, il rend officielle la « *collaboration* » avec l'occupant.

La France est coupée en deux : une zone d'occupation où sévit l'armée allemande, l'autre étant dite « *libre* ». La « *ligne de démarcation* » les sépare, qui a les mêmes fonctions qu'une frontière et impose les mêmes sujétions : contrôle des papiers d'identité et ...organisation de passages clandestins, comme il se doit. En décembre, nouveau statut des communes de plus de deux mille habitants : ce sont les préfets ou le ministère de l'Intérieur qui nommeront les maires. Plus d'élections municipales, plus de démocratie.

Les familles d'origine étrangère ou juive émigrent vers la zone non occupée, où elles s'imaginaient qu'elles seraient protégées – quelle illusion ! Elles ne sont à l'abri ni des lois de Vichy, ni des lois allemandes, ni des exactions françaises et allemandes, puisque finalement les Allemands entreront en zone « *libre* » le 11 novembre 1942 et que notre famille en particulier en subira les conséquences.

Les parents sont de plus en plus sombres, inquiets et sérieux, moins de sourires, moins de gaieté et de moments heureux. Un officier de la *Wehrmacht*, antinazi d'origine autrichienne, a prévenu Jean Bénech qu'il se passait des choses terribles sous le régime de Hitler. Il préconise la prudence et suggère à mon père de postuler à un poste en zone « *libre* », en tout cas de l'autre côté de la ligne de démarcation afin de protéger sa femme et sa fille.

Les Geismar, Juifs alsaciens d'origine, ont comme beaucoup la peur de l'occupation allemande et du nazisme. Berthe Geismar, notre petite grand-mère, mère de Simone Bénech, Clarisse, sa belle-sœur, la femme de son frère Simon Lévy, ses fils Jean, Léo et Robert, et les enfants de Léo, mes cousins Pierre, Philippe et ma cousine Michelle, étaient déjà installés en Arles depuis le printemps 1940.

Les échos de ceux qui revenaient d'Allemagne, mon frère par exemple, étaient de plus en plus alarmants depuis 1933, des manifestations et exactions hitlériennes avaient incité à de nombreux départs, de ceux qui le pouvaient ou qui avaient perdu toute illusion, en particulier vers notre pays que l'on croyait être un refuge fiable.

On n'a pas porté attention, il faut croire, aux camps pour les Tsiganes, les Républicains espagnols, les étrangers non désirés, mis en place par Daladier, président du Conseil, en charge de la Défense nationale entre 1938 et 1940, non plus qu'à la grande vague d'arrestation des Tsiganes le 20 mai 1940 – mais sont-ils nombreux jamais, ceux qui se font du souci pour ceux-là ? C'étaient des signes avant-coureurs. Cette zone « *libre* » était un leurre, elle deviendrait tout aussi dangereuse que le reste de l'Europe, ce que peu de gens avaient osé imaginer.

La perception que j'ai eue de mon père se divise en deux séquences très différentes, que sépare le mois de mai 1942.

Les souvenirs que je conserve de la première période sont la tendresse qu'il me manifestait et la confiance absolue qui m'attachait à lui. Il était l'autorité protectrice. Ma peur des bruits de moteurs était pathologique : il arrivait à me faire toucher l'aspirateur balai extrêmement bruyant de ma grand-mère Bénech dans la serre à Maxéville ; au vrombissement d'une moto, je hurlais ; dans l'usine d'assainissement des eaux à Messein, dont oncle Léo, frère de maman, était le directeur, j'avais eu une véritable panique en entendant le vacarme des pompes – je le vois encore me sourire et me sortir de là, alors qu'oncle Léo ne voyait qu'une gamine capricieuse, trop gâtée et un tantinet insupportable.

Un jour, en allant à Rosières-aux-Salines, je le vois me récupérer sur le marchepied de la Citroën à l'habitacle carré, parce qu'il *conduisait au frein* et que je me suis retrouvée la moitié du corps sur le marchepied, la porte mal fermée s'était ouverte. C'est de ce jour-là que, dorlotée par les religieuses, je me suis retrouvée dans la grande cuisine fleurant la soupe et le café !

Opérée des amygdales, je le vois souriant au pied de mon lit, debout appuyé sur le fer du pied de lit, selon la coutume des médecins hospitaliers. Je pleurais que je ne voulais pas qu'on m'opère et je l'entends, moitié attendri, moitié moqueur : « *mais c'est fait !* ».

Je me souviens encore du jour où, maman étant allée en Arles pour l'enterrement de tante Clarisse, il m'a soignée d'une rougeole à très forte température, il m'a donné un bain froid, enfin très tiède, pour faire tomber la fièvre, il m'a enveloppée dans un grand linge de toilette et m'a recouchée dans ce linge resté humide, ce n'était pas très agréable.

Evoquerai-je les vaccinations sans douleur, qu'il faisait dans le bras et non dans l'épaule selon la norme, pour éviter cette espèce de douleur paralysante derrière l'omoplate ? Il savait aussi envoyer une gifle qui faisait oublier la possible douleur et distrayait de l'aiguille. Je le trouvais très adroit, tant pour les piqûres intraveineuses sur les minuscules veines du crâne des nourrissons hérédosyphilitiques ou que pour les pansements difficiles qu'il faisait avec délicatesse. Mon père n'était pas bricoleur, mais réparer la porcelaine de manière invisible était sa spécialité, ou introduire à l'aide d'une aiguille à intraveineuse le produit adéquat dans les minuscules trous faits par des vers dans le bois des meubles anciens.

Un dernier souvenir d'une fille soignée par son père médecin remonte à mon adolescence. Je rentrais d'un poste en colonie sanitaire où il y avait eu quelques oreillons et là je retrouve, après qu'il m'eut examinée, son regard à la fois attendri et triomphant : il avait été très inquiet des signes méningés avec température que je présentais, mais tellement heureux d'avoir eu l'occasion de faire un diagnostic rassurant : *« Ce sont les oreillons ! »*.

De nous deux, une photo sur laquelle il est impossible de voir lequel est le plus heureux. Nous sommes à table, le cliché a été pris à la suite d'un mini-drame : je n'aimais pas les tomates farcies que je refusais obstinément, maman m'a punie en m'envoyant me coucher sans manger, il est venu me chercher et ramenée à table. Il a toujours, sur toutes les photos avec moi, prises avant notre départ pour Lyon, cet air fier et heureux.

Je le vois aussi en train d'essayer de me faire faire ce difficile problème de superficie de tôle ondulée. Je n'arrivais pas à comprendre, je soutenais *mordicus* qu'il fallait prendre en compte les ondulations, quelle patience il a montrée ! Jusqu'au moment où j'ai fait comme si je comprenais, puisque cela lui faisait plaisir. Son sourire un peu carnassier, des yeux si noirs et si perçants. Je me demande d'ailleurs si je ne faisais pas exprès pour le voir s'amuser et pour agacer maman qui perdait vite patience.

C'est à Santifontaine, dans ce lycée transformé en hôpital complémentaire de l'arrière où il donnait des cours aux infirmières ou postulantes infirmières, qu'assise – on ne savait pas trop quoi faire de moi – au fond de la classe, comme dans *La Gloire de mon père*, j'ai parfaitement appris le schéma de la circulation du sang. Il était heureux à ce moment-là en me regardant, il n'était pas encore angoissé devant la responsabilité que représentait sa fille et dont il mesura tellement la gravité quelques mois plus tard.

C'était un homme drôle. Maman allait-elle au théâtre avec des amis alors qu'il restait à la maison : il les recevait en caleçon court, après le spectacle, leur faisait une mayonnaise au milieu de la nuit pour un en-cas. Il adorait faire la cuisine et c'est un de mes garçons qui a maintenant le livre relié de ses propres recettes.

Tout cela, c'était avant notre départ pour Lyon en 1942.

Beaucoup de choses basculèrent. J'ai perçu la rupture tandis que nous traversions la place Bellecour, venant de la gare de Perrache, à la recherche d'un hôtel pour la nuit.

C'est la dernière fois que nous nous tenons par la main, que je le regarde avec ce sentiment rôdé, mélange de confiance et d'admiration, lorsqu'il me conduit en Arles chez la petite grand-mère Berthe Geismar, la mère de maman. Est-ce à cause des réflexions qu'il adresse, dans le train, d'un ton sérieux et narquois, à un père qui fumait sous le nez de son bébé ? J'eus la nette impression d'une bêtise : il n'aurait pas dû se faire remarquer. Pour la première fois, je me suis sentie à égalité : il n'était plus infaillible. Je ne ressentais plus la même sécurité – peut-être avais-je simplement grandi. Plus probablement, je percevais son inquiétude face à une ville qui lui était inconnue, où un nouveau poste l'attendait, et devant le fait qu'il allait laisser sa fille de l'autre côté de la ligne de démarcation. Je crois bien que ce jour-là, nous sommes devenus tous les deux, l'un envers l'autre, des adultes. Je cesse d'être une enfant spectatrice.

C'est bien à partir de Lyon qu'il est devenu sévère, autoritaire, père sans indulgence, déçu aussi, sûrement. C'était bien compréhensible : il était sombre parce que l'angoissé qu'il était avait de quoi être inquiet, non seulement responsable de la santé de la population du Rhône dans ce nouveau poste en pleine guerre, mais responsable de sa fille pour laquelle il avait peur du présent et de l'avenir, inquiet de la situation nationale et internationale, responsable au sein du réseau Marco Polo, ce qui, certains jours, devait être bien lourd.

Ne pas parler à table – éducation d'époque sûrement, mais cela allait plus loin : il ne fallait pas parler du tout. Il en résulta que je n'ai aucun souvenir – même beaucoup plus tard, le pli était pris – d'une conversation avec mon père sur quelque sujet que ce soit. Ce n'était pas parce qu'il manquait de réflexion, d'idées ou d'intérêts ! Il n'était pas incapable non plus d'amour paternel, que d'ailleurs beaucoup plus tard, il prodigua de façon quelque peu encombrante.

Toute la famille avait pris une espèce d'habitude de repli sur soi. Il n'y avait évidemment pas de loisirs en commun, pas de sorties ni de promenades inutiles. Nous nous sommes retrouvés sous la loi du silence, comme dans beaucoup d'autres familles. C'était obligatoire, il fallait être prudent : être Juive, ne fût-ce qu'à moitié, selon les lois de l'époque : danger ! Avoir un frère en Egypte, j'avais cru entendre et comprendre qu'il était interdit d'y faire allusion : danger ! Ne pas mentionner les amis résistants *en visite* à la maison : danger !

Ces silences, ces barrières dressées devant toute parole, ces enfermements psychologiques sont les premières conséquences de cette guerre, avant que ne viennent celles de la déportation. Comme tant d'autres, je n'avais que dix ans et l'on nous demandait d'être si discrètes, si raisonnables !

Il ne faut pas se leurrer, mon père avait une violence en lui et même une certaine cruauté. Le mot est-il excessif ? Disons cynisme. Je ressens encore la gifle reçue parce que, voulant mettre de l'ordre dans un bureau à Santifontaine, j'avais fermé le volet d'un classeur que l'on ne pouvait plus ouvrir, il a eu raison, je n'ai plus jamais touché à ce qui ne me concernait pas. Et il y eut ce jour où, privée de dessert, je ne bronchais pas : il a inventé mieux et m'a privée d'huîtres ! Ce ne sont pas les huîtres que j'ai regrettées, mais j'ai pleuré parce que j'ai eu la conviction de le découvrir *méchant*. Je l'ai vu avoir des paroles dures et blessantes, frappant juste, toujours, pour obtenir quelque chose qu'il jugeait nécessaire ou pour manifester son mécontentement dans le service s'il n'était pas satisfait du travail accompli. C'est probablement cette dureté qui lui a permis de revenir de Mauthausen.

Les Charton étaient des cousins du côté de ma grand-mère Bénech, qui habitaient Metz, ville annexée pour la deuxième fois en juin 1940. Un des jeunes fils fut mobilisé dans l'armée allemande et fit partie des « *malgré-nous* ». Il fut tué sur le front russe. Dans sa lettre de condoléances, mon père n'hésita pas à écrire aux cousins que ce qu'il regrettait le plus était que leur fils fût mort sous l'uniforme allemand. Il eut son regard noir des Bénech toute la journée. Aujourd'hui, il me semble que je le comprends, mais je ne peux me retenir de penser que cette dureté-là était tout de même bien cruelle et finalement bien inutile.

LYON

Pendant la recherche d'un appartement, l'organisation du départ de Nancy, du déménagement et de l'installation 134 rue Sully, les parents m'ont confiée cette fois-ci à ma grand-mère maternelle que l'on appelait tout naturellement « petite grand-mère », adorable toute petite vieille dame d'un mètre cinquante, aux cheveux blanc mousseux, coquette, raffinée, toujours souriante et gaie malgré tant de malheurs.

Un de ses fils, Charles Gesmar, le frère que maman aimait tant, après avoir été formé dans l'atelier de l'affichiste Paul Colin, était devenu le dessinateur, décorateur et affichiste de Mistinguett au Casino de Paris et au Moulin Rouge. Sa dernière affiche est celle du Bal des petits lits blancs, manifestation donnée à l'Opéra de Paris aux bénéfices des enfants hospitalisés, le 7 février 1928, tandis que lui-même décédait d'une scarlatine le 27.

D'autres coups du sort ? Un deuxième fils handicapé par une méningite à l'âge de deux ans. Veuve à soixante ans en 1932. Sa belle-fille, Georgette, la femme de Léo, décédée en août 1933. Rosine, la fille de Léo, décédée à six ans d'une granulite (méchant virement de cuti), la veille de Noël 1938. Cette petite grand-mère, « *Berrrrthe* » avec l'accent de Lure, a assumé le magasin de tissus – le meilleur de Nancy, évidemment –, Léo et ses quatre enfants, venus habiter chez elle après la mort de sa femme. Puis, il y eut ce départ précipité en Arles au printemps 1940, avec la vente du magasin et une réinstallation. Ce départ a interrompu les déjeuners du dimanche avec les frites, la brioche, les chahuts de Léo, Robert et leur cher beau-frère Jean devant des enfants médusés, à la fois admiratifs et sidérés du comportement des grandes personnes.

Mon père m'a donc conduite en Arles où nous avons rejoint toute ma famille maternelle : personne n'aurait pu imaginer ce qui pouvait et ce qui allait arriver ! Quelle inconscience, mais en un certain sens, il valait mieux.

La maison à ras-de-jardin, les fenêtres pourvues de moustiquaires, l'accent provençal – chantant, avec un débit très rapide – à peine compréhensible pour la petite Lorraine que j'étais, les bras dévorés à la limite des manches ballons par les aoûtats, bestioles parasites des moutons dont c'était le chemin de transhumance.

Je suis allée à l'école primaire d'Arles pour la fin du troisième trimestre de l'année scolaire 1941-42. J'en garde un très bon souvenir, de ce quatrième changement d'école en cours d'année. Rien de tout cela ne me déplaisait. Finalement, j'étais heureuse, je me croyais installée, les cousins, grand-mère, une école dans laquelle je me trouvais bien, sans percevoir combien tout cela était précaire. Dans les arènes romaines d'Arles, j'ai vu *Carmen*, une course de taureaux, Tino Rossi, une fiesta. On descendait dans l'arène, mon cousin Philippe y compris, on poursuivait des taureaux dont les cornes étaient boulées, il fallait attraper une cocarde accrochée entre les deux cornes avec un crochet attaché à un doigt de la main, en réalité c'étaient les taureaux qui poursuivaient les courageux sautant par-dessus les barrières.

Grâce à sa prévoyance, maman avait pu obtenir dans un immeuble pas tout à fait fini un joli appartement à deux pas du parc de la Tête d'or. Subodorant la même pénurie de toutes sortes qu'à Nancy, elle avait emporté baignoire et lavabo. Au cours de la conversation avec l'agent immobilier, elle parle de ses livres, de sa baignoire, et il lui propose alors un appartement justement en attente de sanitaires, non louable sans le minimum de confort, pour tous les deux c'est un heureux imprévu, combien improbable ! L'appartement est un peu petit pour y caser les meubles, qui seront entreposés dans les caves des services de santé de la préfecture à l'Hôtel-Dieu dépendant des hospices civils de Lyon. Les caves, avec nos meubles, se sont retrouvées inondées l'hiver suivant lorsque le Rhône a débordé.

Tout était joli, l'alcôve au papier brique, dans le salon, qui servait de salle à manger comme souvent dans les appartements lyonnais, la table rectangulaire à l'italienne y tenait tout juste, appartement tout neuf, aux papiers tous clairs et gais, plein de soleil, un balcon au troisième étage, enfin tout pour y être heureux. Or c'est dans cet appartement que la famille vivrait pendant trois ans une période assez épouvantable, que beaucoup d'autres ont connue.

Mon père prend son service d'inspecteur de la santé du département au mois de mai lorsque les Allemands n'ont pas encore envahi la zone libre. Je reviens d'Arles, de chez ma petite grand-mère, au moment des grandes vacances, j'ai ma chambre, mais pas d'amies, je lis deux livres par jour. Maman a essayé de m'inscrire au lycée, mais elle est revenue en expliquant que cela n'était pas possible – n'y avait-il vraiment pas de place ? A la suite de l'entretien avec le proviseur, nommé par Vichy, s'est-elle rendu compte que l'endroit risquait d'être dangereux, à cause de mon frère qui avait rejoint Londres ? De ses origines juives ? Des activités clandestines de mon père ? Je n'ai pas su ou pas pu poser la question au bon moment. Il y en eut tellement qui, comme ce jour-là, ne furent pas posées, sur les actions de résistance, les origines des arrestations, puis sur le séjour au camp ! Je suis seule face à des traces écrites conservées et des effluves de mémoire, face à ce qu'il ne m'a pas dit, ni maman, parce que je ne le leur ai pas demandé. La pudeur, la discrétion aussi, sont terribles dans cette famille !

Sur les conseils de madame Tassinari, dont le mari, soyeux lyonnais et résistant, est devenu un ami, je suis inscrite chez les Dames de l'Assomption, de l'autre côté de la Saône. Il fallait prendre un bus de ramassage. Le costume de ces religieuses, très élégant, robe d'un violet profond, voile en lin blanc cassé, contribuait à la somptuosité des offices, lumière, décor et musique. Mais je n'y suis pas heureuse, pas malheureuse non plus, plutôt perdue dans ce vaste établissement, la bonne volonté ne suffisait pas. Ces dames étaient exigeantes, soucieuses de préserver la réputation des bons résultats scolaires et l'excellence de l'établissement. Les événements déjà vécus m'avaient rendue un peu absente et beaucoup trop raisonnable : demi-pensionnaire, lorsque nous avons eu pour la troisième fois du chou bouilli, j'ai dit à la maison que nous avions eu les restes du chou de la veille, et j'ai eu la même impression le lendemain et... les semaines suivantes, jusqu'à un nouveau changement d'école. La cinquième.

En juin 1942, *La peste* de Camus est publiée par Gallimard – mais, pour la famille, ce n'est pas l'événement primordial : mon frère Gérard, affecté à une des sections de l'artillerie FFL, et après avoir participé aux premières campagnes de son unité – Dakar, Erythrée, Syrie et Libye (il suit les cours d'aspirant de Damas) – est blessé le 10 juin à la bataille de Bir-Hakeim. Au cours d'une inspection de batterie, les Allemands (armée de Rommel) ont tiré sur celle qu'il était en train d'inspecter :

une jambe ramenée à angle droit, qu'on a dû amputer très haut, il avait vingt-deux ans. Les chances dont il bénéficie sont très spectaculaires : il est grand, la hanche n'a pas été touchée, on pose un garrot sur place, on l'ampute immédiatement et on l'installe dans un trou d'obus, où un infirmier bute sur lui, « *Il nous gêne, celui-là* », et on le déplace juste avant qu'un nouvel obus ne tombe sur ce trou tuant nombre de ses compagnons ; des tirs ennemis stoppent l'ambulance dans laquelle étaient transportés les blessés, le chauffeur est touché, Gérard arrive à sortir en rampant avec l'aide d'un camarade, qui, lui, était amputé d'un bras, il s'était excusé d'être sorti le premier... Il refuse tout apitoiement. Lorsque le camarade bouleversé qui l'avait remplacé à son poste auprès de sa batterie vient le voir sur son brancard, mon frère lui rétorque : « *Pas d'attendrissement de circonstance* ».

Il est soigné à Beyrouth selon les moyens dont on disposait en 1942 : pas encore de pénicilline ni d'antibiotique ; beaucoup de morphine, dont il faudra lui apprendre à se passer. Décoré de la croix de la Libération par le général de Gaulle sur son lit d'hôpital, il commentera l'épisode ainsi : « *Pas très expansif, le Général et moi-même sans trop de réactions en raison de la douleur* ». Le 11 novembre 1944, place de l'Etoile, le général de Gaulle voulant lui remettre la croix de la Libération, mon frère interrompt son geste : « *Mon Général, c'est déjà fait* ».

En convalescence en Amérique, il s'y fait appareiller, avec difficulté étant donné la très haute amputation. Cette jambe artificielle deviendra avec le temps et l'âge de plus en plus lourde à supporter, le baudrier qui la maintient tient chaud et tire sur le buste.

Gérard reprend du service en Tripolitaine, 1er Régiment d'artillerie, en juillet 1943, puis il est affecté à l'Etat major FFL Zone-nord du général Koenig en Angleterre. Il est envoyé en mission à Bayeux et Saint-Lô à la fin juillet 1944 et rentre définitivement à Paris le 25 août avec le général Koenig. Il y retrouve Pierre Messmer, son chef direct.

Comme mon père, Gérard avait un humour un peu particulier, le sien plus porté à l'autodérision. Le Grand Chancelier de l'Ordre de la Libération, lors de l'hommage funèbre dont il fut honoré aux Invalides, le 19 juin 2012, parle très justement de sa « *douce ironie* ». Bien des années après la guerre, ma belle-sœur Tamara, au moment du café dans la serre, après le repas familial de mes fiançailles, lui demande : « *Qu'est-ce que tu as pensé lorsque tu as vu ta jambe arrachée ? – J'ai sauté sur l'autre en disant "Dieu, que c'est drôle !"* ».

Son agilité sur ses béquilles reste pour moi incompréhensible : il monte quatre à quatre les marches du grand perron de pierre de Maxéville. Mémorables, les parties de ping-pong sur le billard dans la serre avec Jean-Marie, mon mari. Plus tard, chargé de mission, les trajets à travers la brousse ne l'ont pas freiné. Sa participation à l'indépendance de l'Afrique équatoriale fut l'une de ses fiertés.

Je ne sais pas exactement comment maman a appris que Gérard avait été blessé – encore une question importante jamais posée. Par un message venu de Londres ? Ou par Lise Jules Romains, sa cousine germaine, avec laquelle il fut en relation à cette période ? Les Romains étaient au Mexique depuis 1940, la mère de Lise, Jeanne Dreyfus, laissée à Paris, fut arrêtée sur dénonciation le 30 janvier 1944 dans leur maison de Grandcour près de Saint-Avertin : partie pour Auschwitz depuis Drancy, par le convoi 68, matricule 13209, le 10 février 1944. Ensuite plus rien : morte dans le train (elle avait 69 ans) ou gazée à l'arrivée. Sans immatriculation, comme souvent, impossible de savoir.

Juillet 1942 est le mois de véritables horreurs, celui des exactions : lieux publics et magasins interdits aux Juifs, squares et écoles interdits aux enfants. Des exemplaires originaux de ces pancartes sur la porte du square, de la lettre d'une directrice d'école refusant l'inscription à l'école, de l'étoile jaune, sont présentés au Centre historique de Drancy, ils vous sautent à la figure et soulèvent une indignation du profond de l'être, *malheur à celui par qui le scandale arrive !*

Arrestation les 16 et 17 juillet de treize mille Juifs, hommes, femmes, enfants et vieillards par la police française, parqués au Vel' d'hiv à Paris, dans des conditions effroyables d'hygiène, de nourriture, la peur au ventre et dans la tête. Ils seront déportés dans les conditions que l'on ne connaît pas encore, et que rien ne permettait d'imaginer.

Des cousins éloignés, du côté du père de Lise Jules Romains, ont disparu ces jours-là : le père, la mère et leurs deux petits garçons. C'est Lise qui m'en a parlé lorsque, très rarement du reste, elle évoquait la déportation de sa mère, elle ne se remettait pas d'avoir été tranquillement aux Etats-Unis puis au Mexique en ayant laissé sa mère en France.

Les parents ont-ils su la rafle du Vel' d'hiv ? En tout cas, ils n'en ont pas parlé devant moi, je n'en ai eu connaissance qu'après la guerre. Par contre, nous avons été au courant, très vite, du drame des enfants d'Izieu, il y eut même des prières à leur intention dans les classes des Dames de Nazareth, à ce moment-là.

La fille de la cousine germaine de maman, Jeanne-Marie Adler, docteur en médecine, interne des hôpitaux, faisant partie de l'équipe de recherche sur les groupes sanguins et facteurs rhésus, se voit interdite de médecine. Après s'être mariée avec Jean-Charles de Ricou, industriel du bois, elle part pour Abidjan en Côte-d'Ivoire puis au

Maroc, ils passent par Lyon pour nous dire au revoir. Nous les reverrons en 1945 à leur retour du Maroc.

Septembre 1942, loi sur la main d'œuvre : tous les hommes de dix-huit à cinquante ans, toutes les femmes célibataires de vingt à trente-cinq ans peuvent être requis pour les travaux que le gouvernement jugera utiles, éventuellement envoyés en Allemagne. Beaucoup refuseront ce départ en Allemagne, entrant dans la clandestinité, grossissant ainsi les maquis.

Octobre, le cardinal Gerlier, primat des Gaules, renouvelle l'allégeance du clergé catholique à l'Etat français incarné par Pétain ; heureusement un grand nombre de catholiques et de prêtres ne le suivront pas, cacheront, sauveront des familles et des enfants juifs, beaucoup d'entre eux seront déportés : le père Jacques, dont Louis Malle évoque la figure dans son film *Au revoir les enfants* est du nombre. Il meurt peu de jours après la libération du camp de Mauthausen. Le père Riquet, revenu, lui, du même camp, y est devenu un ami de mon père. Le curé de mon village de Maxéville est arrêté pour résistance un dimanche à la sortie de la messe.

11 novembre, encore un jour où tout bascule : les Allemands entrent en zone « *libre* », Lyon est occupé, tout recommence, continue à verser dans le même sens dramatique, désespérant. A l'aube, en réponse aux débarquements anglo-américains au Maroc et en Algérie, les chars allemands franchissent la ligne de démarcation et envahissent le sud. Le général Bridou, ministre de la guerre, donne l'ordre aux unités françaises de rester dans leurs casernes ; seul le général de Lattre essaie de résister, il se retrouve à la prison militaire de Toulouse. Pétain protestera faiblement dans la matinée et refera dans l'après-midi à peu de choses près son discours de juin 40 ; il n'a plus qu'un semblant de pouvoir, mais sa

responsabilité, elle, n'est pas illusoire. La flotte s'est sabordée à Toulon.

C'est à ce moment que j'acquiers une toute petite importance en classe : j'étais celle qui avait déjà vu des Allemands, leur uniforme et entendu leurs voix, puisqu'ils avaient coutume de scander leurs marches militaires en défilant dans les rues. Je n'eus aucune fierté du regard que les élèves me portèrent ce jour-là, j'en fus plutôt gênée.

Je ne reste pas chez les Dames de l'Assomption, de l'autre côté de la Saône et du Rhône : le bus de ramassage qui dépendait du couvent est supprimé, parce que les conditions étaient devenues plus compliquées, et surtout parce que les parents n'avaient aucune envie de voir leur fille traverser Lyon, ni de prendre le risque de l'éloignement géographique, ils savaient les bombardements, les rafles, les balles perdues lors des arrestations pour ceux ou celles qui se trouvaient là au mauvais moment, etc. Cependant ils me laissaient aller toute seule, pas très rassurée, prendre mes leçons de piano chez le professeur de maman, organiste de la cathédrale Saint-Jean. Mes études de piano furent aussi chaotiques que ma scolarité, et c'est un vrai et bien grand regret. J'allais commencer ma sixième rentrée scolaire en cours d'année !

Lorsque le frère de maman, Léo, est nommé responsable de l'usine des eaux de Terrasson en Dordogne, ma cousine-sœur Michelle – que je nomme ainsi parce que, orpheline de mère puis de père, elle a été, nous avons été toutes les deux élevées par maman et notre petite grand-mère – vient habiter 134 rue Sully. Dans ma chambre, tout est désormais en double, lits, tables, armoires et chaises : ces détails très *Boucles d'or* sont importants pour comprendre de quoi est faite notre vie – et l'affection plus profonde que celle qui lie ordinairement deux cousines.

Michelle et moi sommes donc toutes les deux élèves des Dames de Nazareth, à cinq minutes à pied de la maison. Elles eurent sur nous une forte influence, et je suis convaincue qu'elles étaient de solides éducatrices. Elles n'étaient pas antisémites, connaissaient la situation familiale, se sont montrées chaleureuses, protectrices, gentilles, nous prenant en charge avec une véritable affection. La surveillante générale dont je garde un si bon souvenir – « *il ne suffit pas de sourire, Marion, il faut aussi travailler* » – nous avait prises en amitié. Seule la surveillante des études était assurément pétainiste, mais elle ne le manifestait que par une sévérité excessive à notre égard à toutes deux. Je lui dois de savoir que des remarques justifiées, prononcées d'une façon ostensiblement désagréable, ne laissaient que l'empreinte de l'injustice.

Le 30 janvier 1943, Joseph Darnand, militant à l'Action française, aux Croix-de-feu, lié à la Cagoule, ayant prêté serment à Hitler, crée la Milice, de sinistre mémoire, issue en réalité du Service d'ordre légionnaire, mouvement paramilitaire et antisémite. Darnand en est le secrétaire général, chargé d'anéantir la Résistance. Cette milice se voue à cette mission avec une sinistre efficacité.

Le 11 novembre de la même année, les maquisards défilent toute la journée à Oyonnax dans l'Ain et déposent une gerbe au monument aux morts. Les parents en ont parlé à table. Autant qu'il m'en souvienne, ils étaient contents mais inquiets - ce sont rarement les mots que l'on retient à cet âge-là, mais la voix, les regards échangés et surtout les silences – que de silences traversés !

Jean Bénech avait pris contact en avril 1943 avec les membres du futur réseau Marco Polo, nom de résistance du capitaine de corvette Sonneville, fondateur du réseau.

Selon l'attestation des services de la France Combattante, signée du colonel Paul Guivante de Saint

Gast, Jean Bénech est affecté à Lyon en juin 1942, n°13 comme agent P2, sous le N° 99/144, date de la création officielle de ce réseau qui dépendait du B.C.R.A.[5]

Mémoire de proposition pour la médaille de la Résistance jointe à l'attestation du colonel de Saint Gast : « *a servi en qualité de chargé de mission 2ème classe avec le grade de lieutenant* [...] *le 1er novembre 1942, date à laquelle il est contacté par le réseau Marco Polo. Fournit des renseignements d'ordre militaire, économique et politique. Accumule le matériel nécessaire aux services sanitaires et commence même à en fournir au réseau. Arrêté par la* Gestapo *le 20 décembre 1943, au cours des interrogatoires, malgré les menaces dépiste la* Gestapo. *Il est envoyé au Camp de Mauthausen [...] rentre en France le 20 mai 1945 dans un état de santé des plus précaires [...]* ». Cachet de la France Combattante, « *OUI* » et « *déporté* » à la main, Décret du 11 mars 1947, J.O du 27 mars 1947.

Le colonel de Saint Gast, adjoint de Sonneville, est arrêté le 18 juillet 1943 à Lyon, torturé à cinquante-six reprises d'horrible façon à l'hôtel Terminus par Klaus Barbie, chef de la police nazie chargée de la lutte anti-communiste, anti-sabotage et anti-juive. Malgré une tentative d'évasion bien préparée mais qui échoue, il est transféré ce même jour à Compiègne, puis déporté au camp de Mauthausen. Son témoignage du 13 mai 1945 est produit au procès de Nuremberg. Il meurt prématurément en 1951 des suites de ses tortures et de sa déportation.

Mon père est également en liaison avec le réseau Galia, créé par le B.C.R.A. en 1943, et principalement chargé des renseignements sur les policiers et militaires allemands.

---

[5] Le Bureau Central de Renseignements et d'Actions, service d'espionnage et d'actions de la France Libre, était chargé de la recherche de terrains, de l'organisation de parachutages et du renseignement.

Pierre Péry, Claude Serreulles et Jacques Bingen sont les habitués du 134 rue Sully. Péry est un ami des Adler, cousins du côté de ma mère. Jeanne-Marie Adler est cette jeune femme à qui les lois antisémites de Vichy ont interdit l'exercice de la médecine. Ils mettent mon père en contact avec Péry, qui appartient au B.C.R.A, basé à Lyon, où il est affecté au secrétariat de la Délégation générale. Il sera arrêté, puis déporté à Buchenwald. Il en revient, se marie avec Jacqueline d'Alincourt, dite Violaine, arrêtée puis déportée, elle, à Ravensbrück.

Péry, hébergé par les Adler, tout près de chez nous, vient souvent déjeuner et reste une bonne partie de l'après-midi à la maison. Il est l'un des trois habitués qui se trouvent bien chez les Bénech.

Claude Bouchinet-Serreulles, que je connaissais sous le nom de Claude Serreulles, a écrit un livre-mémoire, *Nous étions faits pour être libres*, un bien beau titre, dans lequel on retrouve les Bénech. Si j'en garde un souvenir si vif, comme de Jacques Bingen d'ailleurs, c'est en raison du côté aventureux de ces apparitions, et de petites incidences d'ordre pratique qui les accompagnaient. Et puis, ils avaient tant d'élégance tous les deux, j'y étais très sensible, je ne savais évidemment rien de leur activité, mon regard admiratif ne pouvait venir que de la perception instinctive de ce que j'ai pu appeler plus tard l'élégance de l'esprit et du cœur.

Claude Serreulles sert lui aussi, comme Péry, au Bureau de Renseignement et d'Action, il a rejoint Londres, via le Maroc et les Forces Françaises Libres le 23 juillet 1940. Aide de camp du général de Gaulle jusqu'en 1942, il souhaite des missions plus actives. Il réussit son deuxième parachutage en France le 16 juin 1943. Part à Lyon depuis les environs de Mâcon. L'agent de liaison, chargé de l'accueillir à son arrivée à la gare des Brotteaux, lui annonce qu'il n'y a aucune instruction le concernant.

Où va coucher cet homme à l'élégance très *british* que l'on remarque un peu trop facilement dans cette ville occupée ? Finalement l'agent de liaison, toujours sans instruction, lui propose un fauteuil dans la cuisine d'une infirmière amie. Il avait rendez-vous le lendemain avec Péry venu de Londres par le même avion pour une autre mission, celui-ci lui parle de la maison hospitalière des Bénech, c'est comme cela que nous avons vu arriver Serreulles avec un cabas dont des poireaux dépassaient, pas lavé depuis son départ de Londres, l'ensemble était insolite. Il a pu prendre un bain, se changer, laisser cabas et poireaux et partir à son rendez-vous dépouillé de son étrange dégaine – la bohême ne devait pas être son quotidien. Une autre fois, pour lui laisser mon lit, j'ai dormi dans les deux fauteuils club en velours vert mis face à face dans le salon. Je ne comprenais rien à rien, mais me sentais très fière, et puis, à la maison, *on vivait !*, il y avait comme un air d'aventure permanent.

Echappant de justesse à la souricière de Calluire au cours de laquelle Jean Moulin est arrêté, Serreulles lui succède à la tête de l'organisation de la Résistance de l'intérieur. Chargé d'assurer l'intérim au Conseil national de la Résistance, il doit faire front aux rivalités entre différents courants politiques de la résistance.

Jacques Bingen, entré au B.C.R.A. en 1942, s'occupe des liaisons avec la Résistance en France occupée. Le 21 juin 1943, il est volontaire pour rejoindre Claude Serreulles et travailler avec lui. C'est aussi un grand habitué du 134 rue Sully. De lui, comment aurais-je oublié la scène impayable où, confortable et détendu dans un fauteuil club, au moment du café, il a déclamé, très cabotin, une tirade, que j'ai prise longtemps pour une réplique du *Cid*, qui se terminait par la réplique de Chimène : « *qu'il est joli garçon l'assassin de papa* ! ». J'ai cherché, lu, relu pendant des semaines *Le Cid*, furieuse après moi de ne pas retrouver le texte. Ce n'est que bien plus tard que j'ai rencontré le sonnet de Georges Fourest, dans le recueil *La négresse blonde* – j'étais rassurée sur ce que j'avais fini par prendre pour pure imagination !

Le B.C.R.A. ne sait pas qu'il est infiltré à Clermont-Ferrand par un agent de l'*Abwehr*, service d'espionnage et de contre-espionnage de la *Wehrmacht*, dirigé par l'amiral Canaris. Bingen ne se doutant de rien s'y rend le 12 mai pour accomplir une mission de liaison. Il est arrêté par l'*Abwehr* qui, manquant d'agents, envoie à sa recherche trois membres de la *Gestapo*. Ils n'ont pas son signalement, ne connaissent pas son visage, l'interpellent donc tout à fait par hasard à la descente du train. Bingen montre ses papiers : quoique sa fausse carte d'identité soit parfaite, et qu'il n'en eût qu'une sur lui, l'un des trois hommes, malheureusement, s'aperçoit que le lieu de naissance porté sur la carte d'identité est différent de celui indiqué sur la carte d'alimentation. On l'arrête, il trouve l'occasion de s'évader des locaux de la *Gestapo*, est rattrapé dans la rue. Là, deux témoignages contradictoires : selon le premier, une passante indique au poursuivant la direction qu'il a prise ; à croire le second, une passante qui voit deux hommes qui se battent prévient le chauffeur d'un camion militaire allemand qui passait. Jacques Bingen, se voyant repris, se tourne vers les quelques passants qui ont assisté à la scène, leur lance « *Ne vous inquiétez pas !* », et avale sa pilule de cyanure. Son corps n'a jamais été retrouvé.

Les parents écoutaient la radio anglaise, étaient surtout très attentifs aux messages personnels. Interdiction de parler pendant les bulletins d'information, que ce soit ceux de Radio-Londres, « *les Français parlent aux Français* » ou de Radio-Paris. Etonnement, plutôt incompréhension, d'une enfant qui entendait Philippe Henriot, ce milicien qui prend la parole tous les jours sur les antennes de Radio-Paris, et qui agonissait d'injures « *radio Londres, radio des saboteurs et des terroristes* », qui traitait de « *terroristes* » ceux dont mes parents avaient l'air d'être fiers. D'une source à l'autre, j'entendais parfaitement la contradiction : Londres vantait les mêmes actions et en annonçait le résultat d'un air plutôt triomphant. Pour autant, je peinais à tirer la vérité au clair : la voix de Philippe Henriot étant désagréable et agressive, j'en déduisais que c'était lui *le méchant*, et de surcroît les parents ne pouvaient pas se tromper… Autre dilemme : des enfants français priaient pour la victoire de la France, des enfants allemands priaient pour celle de l'Allemagne, difficile logique pour une enfant de neuf ans !

Il y eut certains jours de grande excitation. Ainsi lorsqu'un certain Astorg est venu déjeuner – ce devait être important puisqu'on a même oublié de me donner de la drôle de tarte faite par maman, comment avait-elle fait, tellement tout était rationné ? Je n'ai pas osé réclamer, ne l'ai fait savoir qu'au moment du dîner lorsque maman m'a demandé si cette tarte m'avait plu. En écoutant les messages de Londres ce soir-là, les parents ont appris que le départ et l'atterrissage d'Astorg s'étaient bien passés, sans encombres. Ils étaient tout excités de cette nouvelle, maman surtout.

Un des plus émouvants souvenirs du 134 rue Sully, ce furent les adieux – qui n'allaient être qu'un au revoir – du frère de maman, Léo. Il voulait essayer de rejoindre de Gaulle en passant par l'Espagne. Les deux beaux-frères qui s'entendaient si bien avaient les larmes aux yeux. L'étonnement de voir les deux hommes forts de la famille au bord des larmes ! Léo n'est pas arrivé à passer les Pyrénées. Je dirai plus loin comment il fut arrêté en Dordogne.

La vie s'est déroulée ainsi, chaude et tranquille, et à la fois tendue, inquiétante, sous le régime de cette question lancinante : où serons-nous demain ? Moi-même : j'avais compris qu'il était impossible de savoir où nous serions à Noël, guerre finie, pas finie, cela ne voulait rien dire. Tous les soirs devant le ciel étoilé de Lyon, mon père disait : « *belle nuit pour une alerte !* ». Fataliste, ou insouciante, je pensais que la vie c'était ça, aucune idée naturellement de ce qu'avait pu être l'avant-guerre, de ce que pouvait être l'après-guerre.

Entre temps, la belle-sœur de Berthe Geismar, la chère tante Clarisse, si gentille, qui me disait « *Je ne te vendrais pas pour dix sous, pas pour vingt sous* », meurt en Arles, le 27 novembre 1940. Elle est enterrée dans la fosse commune : par obligation ou par prudence ? Clarisse Lévy, née Caïn. Plus personne ne peut nous le dire, et malheureusement il n'y a pas que ça...

Il n'y avait pas de nouvelles de mon frère, les courriers avec la zone libre étaient contrôlés. Lorsque mon père m'a emmenée en Arles chez ma petite grand-mère, au mois de mai 1942, maman avait mis dans ma chaussure une lettre pour elle. Elle m'avait bien expliqué que personne ne devait le savoir, qu'il y avait une ligne de démarcation, que l'on risquait des ennuis avec la police et surtout qu'il ne fallait pas attirer l'attention.

Mais la prudence n'était pas la qualité principale de mon père... : j'ai raconté sa remontrance, dans le train, au père de famille fumeur. J'ai en mémoire d'autres anecdotes qui datent de 1942-1943. Provocateur ou inconscient ? Je retiens plutôt la première hypothèse, assortie du besoin d'affronter le risque. Ainsi ce jour à Lyon, où un général venu le voir et qui avait tenu des propos que mon père jugeait politiquement intolérables, a dû rapidement redescendre les trois étages de la rue Sully : mon père l'avait simplement mis à la porte.

Une autre fois, le beau-frère de maman, membre du conseil d'administration d'une importante industrie collaborationniste, s'est entendu dire : « *La question qui se pose est celle de savoir lequel de nous deux ira en prison le premier* ». Ce fut mon père.

Au cours d'un déjeuner officiel – je suivais toujours, j'étais là tout le temps, on ne me laissait pas seule à la maison, évidemment – au cours duquel un toast fut porté au maréchal Pétain, mon père trouva cette sortie : « *Je ne porte ce toast qu'en souvenir de celui qui a dit : "Ce vieux renard de Pétain nous aura"* ». J'ignore à qui il faisait allusion, à un épisode de la guerre de 14, à coup sûr. J'ai seulement nettement perçu que mon père venait de créer un froid. C'était même un peu téméraire, certains ont dit que cette phrase était l'un des motifs de son arrestation – en vérité, il y eut bien d'autres bonnes raisons.

Il avait choisi Masarick pour pseudonyme de résistant, en référence à Masaryk, le premier des deux présidents de la Tchécoslovaquie, auquel avait succédé Beneš... Humour et provocation.

1942 est une année riche en événements historiques qui ne pouvaient que provoquer désespoir, rébellion et organisations résistantes en réponse aux exactions allemandes et aux décisions fascisantes du gouvernement de Vichy.

Pierre Laval, vice-président du Conseil, devient chef du gouvernement, poste créé par voie constitutionnelle. Il a à son actif les persécutions antisémites, l'organisation des travaux forcés pour l'Allemagne, et la répression accrue de la Résistance.

A Riom, fin du jugement par la cour suprême d'Edouard Daladier, de Paul Reynaud, ministre des Finances, de la Défense et de la Guerre, des Affaires étrangères, et de Georges Mandel, député de la Gironde. Ils s'étaient opposés à Pétain et à Pierre Laval, qui les tenaient pour responsables du manque d'équipement de l'armée, d'une politique ayant entraîné la défaite de 1940. La cour suprême dissoute le 11, le jugement est interrompu, finalement ils sont emprisonnés au fort du Portalet et seront remis aux nazis après l'invasion de la zone sud. Reynaud et Daladier seront déportés à Oranienburg-Sachsenhausen, Georges Mandel à Buchenwald – ramené à la prison de la Santé et livré à la Milice, il sera abattu en forêt de Fontainebleau en représailles de l'assassinat de Philippe Henriot, milicien, chroniqueur quotidien de Radio-Paris.

Le mois de mai : le port de l'étoile jaune, dite de David, devient obligatoire en zone occupée, il ne le sera jamais dans la zone sud.

20 décembre 1943, une petite fille de dix ans et sa cousine de seize occupent la même chambre aux meubles symétriques, font leurs devoirs et attendent le retour de Jean et Simone. Ils sont en retard. Simone arrive seule, en un tournemain emmène fille et nièce, sans explication, au moins pour la petite. Tout reste en plan, la poupée à moitié couchée sur le lit, la vaisselle non rangée, les devoirs sur les tables. Nous filons toutes les trois chez la maman d'une collaboratrice de Jean Bénech – souvenir de cette dame qui faisait de la peinture miniature sur de tout petits verres, la petite était pleine d'admiration et d'envie.

Levées bien avant l'aube, elles vont à la gare des Brotteaux, gare de triage sans voyageurs, s'installent dans le wagon d'un train vide sur sa voie de garage. Il fallait éviter les contrôles d'identité de la gare principale de Lyon-Perrache, nuit et froid, l'attente est longue, on part, arrêt à la gare de Perrache, le train se remplit, nous ne montrons pas nos papiers puisque les contrôles se font sur le quai, tout se passe donc bien.

Descente à Lons-le-Saulnier, neige et vent, c'est l'hiver 43-44. Installées sur un char à banc, dont le conducteur, un gentil montagnard, pas jeune dans mes souvenirs, nous emmène dans une petite maison isolée, à Monay, lieu-dit du Jura. La petite fille ne réalise rien, ne demande rien, elle se contente d'être, de suivre, pour elle ce n'est qu'un épisode de la suite logique de la vie. Michelle a un horrible anthrax à la fesse, mon père le lui avait ouvert quelques jours auparavant, ce qui forcément lui donne un sens très aigu des réalités. Maman est blanche, simplement. Je ne saurai jamais par qui et comment exactement fut préparé ce repli qui ne pouvait être improvisé puisque tout se fit dans le plus grand calme, sans à-coups, minuté comme s'il y avait eu répétition générale. A la réflexion, je pense que nous avons utilisé une des filières classiques du réseau Marco Polo, puisque l'organisation de départs clandestins était l'une de ses activités.

En réalité, nous l'avons échappé belle. La *Gestapo* est venue à l'appartement une demi-heure après notre départ, papa avait été interrogé : « *Vous avez une femme, une fille et une nièce, où sont-elles ?* » Qui cherchaient-ils ? La famille d'un résistant et une résistante – ma mère n'étant pas que femme de résistant ? Les membres juifs de la famille ? Il est raisonnable de penser que nous avons échappé à Ravensbrück ou à Auschwitz-Birkenau – quel qu'eût été le camp, c'était la liquidation à plus ou moins brève échéance pour nous trois : maman fragile, moi, très petite, peut-être Michelle s'en serait-elle sortie, un mètre cinquante-cinq et seize ans..., qu'imaginer pour Michelle ?

MONTLUC - COMPIÈGNE

Les repas étaient ordinairement bien sombres ; celui du 20 décembre 1943 le fut particulièrement, les parents s'attendaient à une arrestation imminente et elle le fut.

Le 23 juin 1943, quatre arrestations ont lieu 1 rue de la Tête d'Or, à angle droit avec la rue Sully, tout près d'où nous étions. Le capitaine de corvette Pierre Sonnevile, fondateur du réseau Marco Polo, futur Compagnon de la Libération, est pris ce jour-là, avec trois membres du réseau. Tous les quatre sont incarcérés à la prison Montluc, prison lyonnaise réquisitionnée par les Allemands.

René Pellet, dit Octave, directeur de l'institut des sourds-muets, 77 rue des Maisons-Neuves à Villeurbanne, où se trouve le central du réseau Marco Polo, succède à Saint Gast, qui lui-même succédait à Pierre Sonneville. Il sera arrêté le 30 juillet 1944, emprisonné à Montluc, fusillé sur le pont Pasteur à Lyon le 23 août, la veille de la libération de la prison Montluc. Son corps jeté dans le Rhône sera retrouvé dans le département de la Loire…

Sa femme, Marguerite Pellet, directrice de l'école des jeunes aveugles de Lyon, a la charge du code et déchiffre les messages. Elle avait été arrêtée le 23 novembre 1943, transférée à Montluc, déportée à Ravensbrück en mars 1944, transférée à Mauthausen le 7 mars 1945. Affectée à

Amstetten le 7 mars, elle est tuée lors du bombardement des voies ferrées sur lesquelles travaillait un *kommando* de femmes.

Une souricière, le 24 novembre, a trop bien fonctionné : la liste des membres du réseau, camouflée dans le double fond d'une boîte à biscuits à l'institut, tombe aux mains des Allemands : ce jour-là, René Pellet, tout le personnel de l'institut, un agent de liaison radio ainsi qu'un agent porteur de documents sont arrêtés ; Jacques Bergier, ingénieur et Juif – pseudo : le corbeau – est ramené dans sa cellule du fort Montluc sur un brancard, après chaque séance de torture. Pierre Vitches, ingénieur électricien, est arrêté le 27 novembre 1943, incarcéré au fort Montluc, déporté au camp de Mauthausen par le convoi parti de Compiègne le 22 mars 1944 ; il est affecté le 28 avril au *kommando* de Gusen. Jacques Bergier et Pierre Vitches resteront des amis fidèles de mon père, que je connaîtrai lorsque, plus tard, ils viendront déjeuner à Maxéville. Jean Bénech et Pierre Bénielli, chargé de la liaison Grenoble-Lyon, ayant des matricules voisins, sont des compagnons et de convoi et de quarantaine. Pierre Bénielli, vieux monsieur charmant, a répondu à l'annonce que j'avais fait paraître dans la rubrique « *Qui a connu* ? » du bulletin de l'Amicale de Mauthausen ! Il paraissait tout heureux de recevoir la fille d'un camarade de déportation et fut très disert. Ils avaient été séparés lors des affectations dans les camps annexes : Gusen, comme électricien, pour Pierre Bénielli, et Melk pour mon père. Bénielli fut rapatrié le 28 avril 1945 par le convoi anticipé de la Croix-Rouge.

Maman a fait tout de suite le récit de l'arrestation de mon père à Michelle. Elle venait le chercher pratiquement chaque jour et se trouvait dans le bureau voisin, porte ouverte. L'historienne Adeline Lee, qui termine une thèse sur les détenus français au camp de Mauthausen, m'a communiqué le témoignage du docteur Violet, adjoint direct de mon père, qui a assisté à l'arrestation.

C'est probablement la présence de maman dans la pièce voisine qui a permis l'exécution rapide de notre fuite et nous a sauvées, nous.

Nous sommes donc toutes les trois à Monay, depuis le 21 décembre 1943, lendemain de son arrestation, dans une chambre sous les combles de la maison perdue qui appartenait à cette dame chez qui nous avions déjà été accueillies à Lyon la veille au soir.

Souvenir de neige. Maman a voulu que nous allions à la messe de minuit au village. Par religion, superstition, ou pour afficher que nous n'étions pas Juives, au cas où nous aurions été aperçues ? Souvenir aigu des cuisses gercées, brûlées par le frottement de la jupe faite dans le tissu teint en noir d'une capote de soldat, maman avait brodé des roses au point de croix sur les poches, pour Michelle et moi, très joli..., mais les collants protecteurs n'existaient pas ! Pour moi, Monay, c'est aussi ma première lecture des *Trois mousquetaires*, dans une édition ancienne grand format reliée de cuir noir, sur un grand lit, pratiquement le seul meuble de cette chambre. A chaque lieu nouveau, chaque aventure nouvelle, se raccroche le souvenir d'une lecture.

Nous nous sommes cachées une quinzaine de jours, maman est repartie en éclaireur à Lyon, la collaboratrice de mon père nous a ramenées, Michelle et moi, à Lyon, drôle de retour. Nous nous sommes retrouvées ce soir-là pour un étrange rendez-vous dans les cintres du théâtre des Célestins en pleine représentation, puis nous sommes allées dans une clinique. Maman, dans une chambre seule, était couchée, cachée une fois encore, puis retour à l'appartement, souvenir d'avoir retrouvé ma poupée dans la même position, j'étais rassurée.

La *Gestapo* est arrivée ce 20 décembre 1943 dans le bureau de mon père, à la préfecture de Lyon. C'était l'heure de la signature du parapheur. Jean Bénech a demandé à ces messieurs de lui laisser le temps de signer le courrier, puis il aurait dit : « *Je suis à vous* ». La phrase est-elle exacte ? Peut-être un peu légendée, mais ce n'est pas sûr. Ensuite il les a fait passer devant lui, « *Après vous* », c'est sûrement vrai, les deux récits se recoupent, et je le reconnais là, grand seigneur et comédien. Il construisait ainsi l'illusion de dominer la situation avec un humour de défense, tandis que, naturellement, il vivait dans l'angoisse la gravité de la situation, évaluant ce qu'il risquait, sauf que c'est **l'inimaginable** qui l'attendait.

Durant cette période, il avait poursuivi ses fonctions, « *assumait brillamment le travail dévolu à son poste* »[6] et n'avait rien lâché de ses activités complémentaires d'enseignement : conférences sur la tuberculose et les maladies vénériennes, cours sur l'inspection médicale des écoles, à la faculté de médecine de Lyon.

L'année est cruciale pour la famille, certainement beaucoup plus encore pour la France et le monde.

En janvier, les cours martiales de la Milice sont créées pour juger les résistants : il n'y a plus de garantie judiciaire en zone nord. Darnand est nommé secrétaire général au maintien de l'ordre, Henriot secrétaire d'Etat à l'information et à la propagande.

En février, bombardement de la prison d'Amiens pour permettre l'évasion de prisonniers français. C'est le 21 février que 25 jeunes Francs-tireurs et partisans sont fusillés au Mont-Valérien.

La feuille du cahier d'émargement de la prison Montluc, dossier 1300, mentionne l'arrestation de Jean Bénech le 20 décembre 1943 à Lyon.

---

[6] Note du ministère du 22 novembre 1943.

Le 24 décembre, le directeur régional de la Santé et de l'assistance publique, le docteur Clavelin, professeur au Val-de-Grâce, avait rendu compte à monsieur le secrétaire d'Etat à la Santé et à la Famille, à Vichy, de l'arrestation de mon père par la « *Police de sûreté allemande* », précisant qu'aucun motif n'avait été donné pour expliquer cette arrestation.

Le préfet régional avait d'ailleurs demandé, dès le 23, « *l'élargissement du docteur Jean Bénech en raison de ses responsabilités vis-à-vis de la population dans le cadre de ses fonctions. Etant toujours incarcéré le 24, le docteur Poulain a été désigné pour exercer les fonctions de médecin-inspecteur de la santé du département pendant l'absence du docteur Bénech* ».

La fiche de renseignements, en réponse à cette démarche du préfet du Rhône, transmise le 29 décembre au service central des relations franco-allemandes en zone libre, à Vichy, numéro de dossier 1300, indique, comme motivation de l'arrestation : « *activité antiallemande, lieu de détention : Montluc, intervention négative* ».

Différents échanges de courriers et de documents permettent de connaître le parcours de mon père :

J'ai reçu une fiche de renseignements du comité international de la Croix-Rouge, datés du 25 juillet 1944, qui fait part d'une réponse de l'Office central du Reich datée du 12 décembre 1944 : « *Le ressortissant français se trouve à ... Son état de santé ne présente rien d'alarmant d'après ce que l'on sait. Pour des raisons de sécurité de l'Etat, on ne peut communiquer d'information ni sur l'endroit où il se trouve, ni sur son état de santé.* »

Courrier du ministère de la Défense, 24 octobre 1993, en réponse à une recommandation de mon frère qui était alors président de la Société d'entraide des Compagnons de la Libération, auprès du commandant Armengau, chef du bureau résistance, pour avoir des renseignements toujours sur le réseau Marco Polo, et sur ses activités, sur les circonstances qui ont entraîné son arrestation : « *Il appartenait au réseau de renseignements et d'action MARCO POLO, au sein duquel il servait comme agent de renseignements avec le grade de lieutenant, pour ses activités, il est titulaire de l'attestation d'appartenance aux Forces Françaises Combattantes n° 91547 du 31 juillet 1951. Il a été arrêté sur dénonciation à son bureau par la* Gestapo *en même temps que tout le groupe lyonnais* ».

Attestation du colonel de Saint Gast : « *Arrêté en service commandé pour faits de résistance, bien qu'interrogé très longuement, il n'a pas parlé* ». Mon père fut menacé avec un revolver sur la nuque, il ne subit pas les tortures extrêmes, affirma toujours qu'il avait eu de la chance de ne pas avoir été arrêté par la Milice française.

L'ambassadeur de France, par l'intermédiaire du ministre, secrétaire d'Etat à la famille, demanda au général commandant de la Sûreté allemande et du S.D. de lui fournir des renseignements sur l'arrestation et la possibilité d'une libération, étant donné les responsabilités que le docteur Jean Bénech avait vis-à-vis de la population du Rhône. Il lui fut répondu « *que la démarche instante avait été faite en sa faveur auprès des Hautes autorités allemandes, qui ont fait connaître que l'intéressé était mêlé à une grave affaire d'espionnage sur laquelle aucun renseignement ne pouvait être fourni. M. Bénech a été déporté en Allemagne* » [7].

Très peu d'informations de sa part sur son séjour à Montluc. A son retour de Mauthausen, ce chapitre est très ancien pour lui, dans le temps et dans la gradation des insupportables épreuves vues et vécues. La seule chose dont je l'aie entendu parler est une rencontre fortuite, dans un couloir de la prison, avec une femme résistante, leurs

---

[7] Courrier daté du 9 juin 1944.

regards s'étaient croisés mais, impassibles, ils n'avaient rien manifesté, cela allait de soi pour l'un et pour l'autre. Il en souriait encore en le racontant, un peu attendri, à son retour.

Le croquis qu'un codétenu a fait de mon père est daté du 29 janvier 1944, signature malheureusement illisible. Ce document nous est parvenu, bien longtemps après la guerre : le cachet de la poste sur l'enveloppe indique Mâcon, 27 août 1960. Si une lettre l'avait accompagné, mon père l'aurait sûrement gardée. Quel avait été l'expéditeur ? Une veuve, une fille, quelqu'un chargé de trier des papiers après un décès ? Quoi qu'il en soit, ce dessin, de surcroît nimbé de mystère, m'est très précieux.

Les témoignages que j'ai pu rassembler sur l'emprisonnement à Montluc disent les mises au secret, l'attente des interrogatoires, les échanges qui ne peuvent se faire qu'aux *tinettes*, lors des sorties de cellule, pendant le retour vers celles-ci, aux portes épaisses équipées de judas, sous la surveillance brutale des gardiens et des chiens, la difficulté à conserver le sens du calendrier, le temps ponctué par la réalité brusque et violente des interrogatoires sous torture, des départs pour le peloton d'exécution, ou bien pour où ? Un des anciens du fort Montluc parle de « *purgatoire avant la déportation* ».

Jean Bénech est inscrit sur le livre d'écrou de Compiègne, « *numéros 24001 à 32000, de janvier à la première quinzaine d'avril* », comme entrant le 28 janvier 1944, matricule 28130, affecté au bâtiment A8.

Mon frère avait entrepris des recherches. La réponse reçue le 25 novembre était erronée. Le service auquel il s'était adressé avait cru comprendre qu'il s'agissait d'un Israélite : « *il est impossible pour le moment de connaître les lieux de déportation des détenus à Drancy, cependant, j'ai appris que la plupart de ceux-ci avaient été dirigés sur les camps de Haute-Silésie ou du Protectorat* ». Si cette réponse ne nous donne aucune information concernant mon père, elle nous donne une indication, simple indication bien peu rassurante, concernant Léo et Jean, « *arrivés le 8 avril 1944 à Drancy* ».

Le 2 décembre 1944, mon frère a précisé à la Croix-Rouge internationale que mon père était Français, de religion catholique, arrêté pour des raisons politiques, et non raciales, qu'il y avait eu erreur. C'est seulement le 12 février qu'un courrier lui fournit les précisions sur les étapes et les dates de son parcours en France : Montluc, Compiègne, départ pour l' « Allemagne » – seule autre précision du lieu de destination.

A Compiègne, sauf la privation de liberté, la vie était supportable – en tout cas dans le camp A, « *celui des Français* ». Des liens entre internés s'y sont créés, d'une force particulière, qui gardèrent pour eux, si l'on en croit les récits que les rescapés des camps en ont faits, une importance indéniable, au point que, pour un peu, Compiègne est resté en eux comme un souvenir lumineux. Pierre Daix m'a parlé assez longuement des échanges qu'il avait eus avec mon père à Royallieu, et du conseil qu'il en avait reçu de faire sa médecine. Les témoignages concordent – entre autres, celui de Pierre Saint Macary : « *C'est le temps devant soi, la possibilité des échanges, des conversations, au cours desquels on refait le monde, on y découvre des gens que l'on n'aurait jamais connus, la possibilité de faire ce par quoi chacun est attiré, sport, pratiques religieuses ou intellectuelles* ». A mon père, nous avions pu faire parvenir un colis, par l'intermédiaire de la Croix-Rouge.

L'air de presque liberté qui règne à Royallieu fut de courte durée : le sous-préfet de Compiègne rend compte au préfet de l'Oise de la situation du camp de Compiègne par un courrier du 28 mars 1944, il mentionne le convoi dont mon père fit partie : « *un transfert de prisonniers civils du* Stalag *122 a eu lieu le 22 mars. 1300 internés ont quitté le camp de Royallieu pour la gare de Compiègne, où ils ont pris place dans 32 wagons. Le convoi est parti vers 11 heures vraisemblablement à destination de l'Allemagne* ». Pour ceux de Royallieu, l'horreur et l'inimaginable allaient commencer : des 1278 hommes qui partent ce jour-là pour Mauthausen, en Autriche annexée, il n'y aura que 534 survivants en 1945.

Quelqu'un de la Croix-Rouge avait pu faire prévenir maman du probable départ de mon père de Compiègne pour l'Allemagne. De ce jour, s'établit pour nous le grand silence. Pourtant, bien difficile, la vie va continuer.

En février 1944, nous sommes allées chercher grand-mère à Terrasson, en Dordogne. Elle avait écrit à maman qu'elle avait des « *boules* » sous le bras. Fidèle à elle-même, maman ne fait ni une ni deux, embarque fille et nièce, prend un wagon-lit – comment a-t-elle pu faire ? – ce qui permet de donner les papiers d'identité au chef de train et d'éviter ainsi le contrôle direct. Il fait toujours aussi froid, nous devons changer de train, nous allons au buffet de la gare avaler quelque chose de chaud – c'est du Viandox, bouillon de viande d'usage courant, qu'on nous sert dans une tasse en métal avec une petite cuillère trouée, prudence contre un vol éventuel, mais comment dans ces conditions boire hâtivement un liquide brûlant ?

A Terrasson, il faisait tellement froid que l'eau était gelée dans la cruche blanche à fleurs bleues. Cuvette et cruche du plus bel effet, mais impossible de se laver.

Nous retrouvons grand-mère, oncle Léo, un des fils de celui-ci, Philippe, et oncle Jean, le fils tétraplégique. Maman, en digne femme de médecin, pense tout de suite à un cancer du sein et nous repartons avec grand-mère. Elle va être opérée sans retard par le professeur Sentie dans une clinique privée de Lyon. A l'époque, il s'agit d'une intervention peu courante et très invalidante. Ce cancer va la sauver de la déportation et de la chambre à gaz, il va lui accorder vingt-cinq ans de vie.

Terrasson et sa région sont à haut risque : un maquis et des résistants très actifs, beaucoup de Juifs s'y étaient refugiés. Au lendemain d'une action du maquis, la ville est investie par la *Gestapo* qui arrête à tout va, c'est la rafle. Léo et Jean sont arrivés à Drancy, immatriculés 19507 et 19508, le 8 avril. Léo, remarié, s'est déclaré veuf sans enfant afin de protéger Lucie, sa seconde femme et ses enfants, Michelle, Pierre et Philippe. Les deux frères seront déportés ensemble à Auschwitz par le convoi 72 du 29 avril.

Léo avait ordonné à Philippe de se sauver. Monté dans un train à contre-voie pour Lyon, celui-ci est arrivé à la maison décomposé. Malheureusement, il ne pouvait pas rester dans un appartement que l'on pensait à juste titre être toujours sous surveillance. Mon père était à Royallieu, nous étions toujours susceptibles d'être interrogées. Philippe est parti pour Paris chez cet oncle, frère de sa mère, celui à qui papa avait prédit que l'un des deux irait en prison. Peu après son arrivée à Paris, Philippe a aperçu dans le métro, sur le quai de la rame d'en face, le type de la *Gestapo* qui avait arrêté son père. L'émotion et la panique, il les ressent encore.

Léo aurait pu fuir avec Philippe, mais il n'a pas voulu laisser Jean, son frère handicapé en plein désarroi : changements de vie successifs, séparé de sa mère pour la première fois, il avait quarante-deux ans.

Aucune trace de Jean au-delà. Grand-mère, après avoir pris contact avec un déporté revenu, a pu écrire à Philippe le 29 septembre 1945 : « *Le cinquième rapatrié qui ne m'avait pas répondu m'a communiqué ceci : Sur un convoi approximatif de 1000 hommes, femmes et enfants, 48 hommes et 99 femmes seulement ont connu la vie du camp de concentration et ont eu le douloureux privilège de lutter et de souffrir pour vivre, sur ceux-ci très peu sont rentrés, je suis moi-même le seul de ma famille. Parmi ces 48 hommes je peux vous certifier que votre fils aîné dont j'ai la photo, est rentré vivant au camp* ». Il s'agit du camp d'Auschwitz.

Grand-mère a reçu aussi le témoignage écrit d'un autre déporté, daté du 25 septembre 1945, qui certifie que Léo a bien été reconnu sur une photo : « *entré au camp de Monowitz* [Auschwitz III], *dépendance d'Auschwitz, le voyage s'était opéré dans des conditions relativement normales, ils étaient arrivés le 1er mai*, [...] *un tri a été fait immédiatement, 46 hommes, dont votre fils, et 99 femmes sont entrés au camp de Monowitz, les autres, un millier, ont été dirigés sur le camp de Birkenau, autre dépendance d'Auschwitz* [...] *Le N° de Léo à Auschwitz est compris entre 186600 et 186645, tatoué au bras gauche [...] A l'approche des Russes, le camp a été évacué le 18 janvier 1945 vers Dora, Buchenwald et Dachau, l'évacuation a duré 14 jours, 200 malades à l'infirmerie sont restés à Monowitz et ont été délivrés par les Russes* ».

Ma grand-mère relève aussitôt qu'il n'y a aucune indication concernant Jean.

Pauvre grand-mère, qui aura vécu tant de chagrins jusqu'à l'âge de quatre-vingt-dix-sept ans. Lorsque Gérard, le plus jeune de mes enfants à l'époque, lui apporte son petit déjeuner le 9 mai 1968, elle est partie dans son sommeil. Sa fille, ma mère, était morte d'un cancer intestinal dans cette même maison de Maxéville quatre mois auparavant, le 14 janvier.

Le 23 mars 1944, douze mille hommes de la *Wehrmacht*, accompagnés par les troupes de la police de sécurité, de la *Gestapo* et de la Milice de Darnand, attaquent le maquis du plateau des Glières en Haute-Savoie.

Le massif du Vercors, véritable forteresse naturelle, est une importante base de la Résistance, dans laquelle se regroupent dès juin 1940 des Français ou des réfugiés combattants, réfractaires au STO, ou persécutés. Il est attaqué du 23 au 25 avril par la Milice française.

L'un des trois anciens médecins du service municipal d'hygiène de Nancy, pour la période 1939-1940, le docteur Grymbert, Juif polonais qui présentait d'importantes séquelles de poliomyélite à un bras et à une jambe, est arrivé un jour à Lyon dans notre appartement du 134 rue Sully pour demander asile au « *patron* ». Impossible de l'héberger, évidemment : il était beaucoup trop repérable, et notre appartement n'était certainement pas un lieu sûr. Mon père l'a aussitôt dirigé vers le maquis du Vercors où il est pris en charge par la résistance locale, composée essentiellement d'officiers de bataillons dissous des chasseurs alpins et d'anciens élèves de l'Ecole des cadres d'Uriage. Cette école avait été créée en 1940 et placée sous tutelle du secrétariat à la Jeunesse de Vichy, mais ses activités anti-vichyssoises et anti-allemandes décidèrent Laval à la dissoudre en 1942. Dans leur majorité, les hommes et les femmes d'Uriage rejoignent la Résistance et le maquis du Vercors. Ils s'établissent dans un massif proche, au château dit La Thébaïde. Après avoir été attaqués par l'armée allemande, ses membres se retrouvent dans le Tarn en juin 1944.

Année terrible pour le maquis du Vercors, qui subit dès janvier les premières attaques allemandes. Le village de Vassieux-en-Vercors est victime d'une première vague de répression menée par la Milice française, du 23 au 25 avril, fermes pillées et incendiées, habitants torturés et déportés, trois fusillés. Cependant, la population y reste favorable au maquis, contrairement à certains villages qui rendent la Résistance responsable de leurs malheurs. Vassieux sera élevé au rang de Compagnon de la

Libération par le général de Gaulle, fera ainsi partie des villes Compagnons qui assureront la pérennité de l'Ordre après la disparition des Compagnons eux-mêmes.

La bataille du Vercors se poursuit jusqu'au 5 juin : les Allemands attaquent quatre mille maquisards. Malgré les très importants parachutages d'armes envoyées de Londres dès 1943, la moitié des maquisards ne sont pas armés. Après de violents échanges, ils sont pris au piège, finissent par être débordés et sont dans l'obligation de se disperser. Le hameau de Valchevrière, en pleine forêt, est le lieu de terribles affrontements, maisons incendiées, détruites, qui resteront en l'état ; aujourd'hui, seule la chapelle est debout.

Si j'évoque les lieux avec cet attachement, c'est que le maquis du Vercors fait partie de notre vie : Robert Geismar, frère de maman, commandant de réserve de l'armée de l'air, photographe sur biplan pendant la guerre de Quatorze, il avait alors dû tricher sur son âge pour pouvoir s'engager. Il était le type même du baroudeur enjôleur, selon sa sœur Simone, doué d'une grande générosité et d'une sensibilité qui certainement faisaient son charme. Entré en résistance sous le pseudonyme de capitaine Gérard en 1941, Robert rejoint le maquis du Vercors. Il est décoré de la médaille de la Résistance avec rosette, sur cette proposition : « *Le 6 juin 1944 le verra responsable de l'organisation du ravitaillement civil et militaire des 6000 hommes du maquis, ainsi que des 60000 habitants de la zone libérée dans l'Ain, département rebelle bloqué par les Allemands et à qui le gouvernement Pétain avait coupé les vivres pour l'affamer* ». Il est également commandeur de la Légion d'honneur.

Le 26 avril 1944, Pétain se rend à Paris pour la première fois depuis juin 40 et une foule enthousiaste l'accueille à l'Hôtel de Ville, comme d'ailleurs sur la place Stanislas à Nancy le 26 mai. Un enthousiasme identique – sans doute les foules n'y furent-elles pas, majoritairement, constituées des mêmes personnes... – accueillera le général de Gaulle sur cette même place Stanislas quelques semaines plus tard.

Du 26 au 31 mai 1944, les Alliés bombardent vingt-cinq grandes villes françaises, Lyon en fait partie le 26, puis dans la nuit du 26 au 27, la préfecture du Rhône dans son état des lieux, service de la défense passive, signale mille quatre cents blessés et six cent vingt morts, avec intervention de la Croix-Rouge, 8% des bombes n'ayant pas éclaté. Les appareils venaient d'Italie et se dirigeaient vers Toulon. Pour dire vrai, je crois bien me souvenir que cette fois-là nous avons eu réellement peur en descendant nos étages pour aller à la cave, beaucoup moins sécurisante que celles, voûtées, de Maxéville.

A la suite de ce bombardement, le bâtiment de l'Ecole de santé, siège de la *Gestapo* de Lyon, fut entièrement détruit : c'était le principal objectif. Les autorités ont expulsé les personnes âgées et les enfants qui habitaient à proximité d'une gare. C'était notre cas. Grand-mère, catégorie A, et moi, en tant que J2 – selon la définition qui correspondait aux cartes de rationnement instituées en 1940. Il fallut partir : nous devenions des réfugiés comme beaucoup d'autres.

Pendant cette absence forcée, un homme poursuivi par des Allemands ou la Milice fut tué dans la cage d'ascenseur de notre immeuble, nous raconta la concierge à notre retour.

Selon son habitude, maman sut dénicher – grâce à qui ? – une bien belle maison pourvue d'un grand jardin, tamaris et balcon. C'était à Liergues, petit village au milieu des monts du Beaujolais. Les habitants avaient dû en partir précipitamment : tout avait été laissé en plan, entre autres, restés sur la table de la cuisine, bols et cafetière avec un reste de café. C'est Muguet, le chauffeur du service de la santé, qui nous y a conduites. Mon père a toujours été très aimé par les personnels de ses services, qui se sont toujours montrés dévoués, serviables, efficaces. Qu'aurait pu faire ma mère sans leur aide ?

Liergues, pour moi, est une espèce de paradis. Arrivée fin mai, comme à l'accoutumée, je vais à l'école du village pour six semaines environ. Relativement loin à pied. Septième école, deux classes dans la même salle. En vacances à compter du 14 juillet, les gens de la ferme d'à côté m'ayant adoptée, je gardai les vaches. Grand-mère me disait, alors que nous assistions au *Salut* du soir dans la chapelle du couvent qui jouxtait la maison, que je sentais la bouse de vache, ce dont je me moquais bien. Il paraît que j'étais douée, que j'aurais fait une excellente gardienne de vaches. Je ne suis pas certaine que maman fût très fière de moi, qui trayais une chèvre et barattais du beurre. Surtout, il y avait une bibliothèque avec toute la collection Nelson, et une autre collection jaune et dessins géographiques bleus, Albin Michel, je crois, qui m'a fait découvrir Pierre Benoit. Je lisais toute la journée, les vaches me laissant faire. Et puis c'est là que j'ai commencé de vraies relations amicales avec ma mère. Nous étions bonnes marcheuses, nous sommes même allées à pied jusqu'au marché de Villefranche-sur-Saône, à cinq kilomètres. Nous allions aussi chercher, à une scierie qui se trouvait à pareille distance, des planches pour alimenter la cuisinière à bois, en tirant une charrette à bras.

Les fruits, pêches et abricots qui tombaient sur un petit banc de pierre au soleil, ils en étaient presque cuits, étaient une merveille, jamais je n'ai retrouvé cette saveur.

J'allais toute seule jusqu'au château, cœur de tout pays de vignoble, chercher un lapin ou des œufs. J'ai aimé parcourir une route du Beaujolais, avec le soleil pour moi seule.

Notre petite grand-mère Berthe : il faudrait pouvoir rendre son adorable accent de Lure, Haute-Saône, avec son trop drôle roulement bourguignon des *r*, elle s'obstinait à parler de la sœur « *tourrrriste* » au lieu de la sœur tourière du couvent voisin et nous disait avec son air distingué et son regard pétillant préférer le vin de messe, que nous donnait gentiment l'aumônier du couvent, à celui distribué à Lyon avec les cartes d'alimentation. L'hiver à Lyon, nous avions du vin chaud tous les soirs, pour lutter contre grippes et rhumes, paraît-il. A Liergues, c'était du vin sucré, coupé d'eau – c'était l'été, et cela compensait, disait ma mère, le manque de nourriture normale. C'était une idée comme une autre, mais on aimait bien. C'est vrai que nous manquions d'aliments un peu consistants. Tout de même, nous avions les fruits du jardin et quelques légumes, cadeaux de paysans, mais surtout des bettes, c'est fou ce que l'on devait faire pousser de bettes dans ce pays, très bonnes sûrement en temps de paix, mais là, sans beurre, ni gruyère, ni crème, ce n'était pas très bon et en plus cela n'était pas très efficace contre nos creux au fond de l'estomac.

Liergues est aussi, pour moi, la nouvelle du débarquement des Alliés sur les côtes du Calvados le 6 juin. Nous l'avons appris par une voisine qui écoutait très régulièrement la radio anglaise. Je n'ai pas le souvenir que nous ayons eu des détails sur l'instant, je me souviens de l'arrivée d'oncle Robert au bout du chemin. Il a dû raconter des choses à maman et à grand-mère, mais j'ignore quoi, l'intrigue continue.

A dire vrai, je présente de manière idyllique ces quelques semaines de l'été 1944, ce qui est profondément égoïste. J'étais bien la seule de nous quatre à être heureuse et sereine. Nous ne savions pas où était mon père, ni Léo, ni Jean, étions sans nouvelles de mon frère Gérard. L'angoisse planait sans relâche.

Pourtant je n'étais pas aussi tête folle que je viens de me décrire. Un jour, j'ai demandé à maman pourquoi papa avait été arrêté puisque lui n'était pas Juif : je ne comprenais pas bien, cela me semblait logique pour Léo et Jean, mais pas pour papa, c'est ce que j'ai dit. Maman, devenue toute pâle, m'a expliqué que mon papa aidait les prisonniers à se cacher. J'ai bien ressenti que j'avais dit comme une espèce de bêtise, et j'en étais toute gênée.

Une réflexion de ce type, dans un cerveau de onze ans, démontre la nocivité, le danger de la mentalité fasciste : faire admettre à une enfant de cet âge, en principe influençable, qu'il est normal que les Juifs soient arrêtés est une intoxication monstrueuse que la nuit des temps ne pourra ni suffire à faire oublier, ni surtout éradiquer une telle intoxication de la pensée. Cette contamination de l'enfance, la combattre avec les moyens qu'on déploie contre les épidémies, par une prévention et une vigilance sans faille ! Par malheur, il n'est pas de vaccin contre le besoin d'humilier et détruire l'autre, pas d'autre recette pour limiter les dégâts que le « *vingt fois sur le métier remettez votre ouvrage* ».

Juin 1944 : une peur exacerbée, avec l'avancée des armées libératrices, envahit toute la France.

Les cheminots, au prix de la mort de deux mille d'entre eux, déclenchent des opérations de sabotage synchronisées, déraillements, locomotives mises hors d'usage, ce qui entraîne la paralysie des transports militaires. L'infanterie allemande quitte Redon le 6 juin et ne peut parvenir à Saint-Lô que le 11. Ces actions seront honorées par René Clément dans son film *La bataille du rail* en 1946.

Le 9 juin 1944, Tulle, que les maquisards avaient investie durant quelques heures, subit une terrible répression : quatre-vingt-dix-neuf otages sont pendus. Le 10, la même division SS massacre la population d'Oradour-sur-Glane et rase le village : six cent quarante-deux morts.

Le passage des escadrilles au-dessus de nos têtes, à Liergues : c'était l'aviation alliée, nous ne courions pas nous mettre à l'abri et les regardions avec grand intérêt.

Le 14 août, il y eut le baptême de grand-mère ! J'eus un fou-rire irrépressible, malgré la solennité de la situation. Il faut avouer que ce n'est pas courant, le baptême d'une grand-mère, c'est même assez insolite. Le sel rituel versé dans une coquille Saint-Jacques qui tremblotait sur un plateau d'argent avec un léger cliquetis m'a ôté tout sérieux, et plus je riais, plus la coquille s'agitait... En août 1944, à soixante-quatorze ans, on ne se fait plus baptiser par prudence, et ce baptême tardif ne protégeait de rien. Je suis convaincue qu'elle avait été convertie par cet aumônier veuf, père de neuf enfants, qui l'avait prise sous son aile. Elle avait besoin du discours de compréhension et de consolation d'une religion qui, peut-être, l'a aidée à affronter la vérité des camps et l'attente vaine du retour de ses deux fils.

Le lendemain, 15 août, nous apprenons le débarquement des troupes franco-américaines en Provence, entre Saint-Raphaël et Saint-Tropez. La sortie de messe, place de l'église, est encore plus animée qu'à l'accoutumée : les petits groupes bavards et agités sont le souvenir que j'en garde. Comme du débarquement de juin, il ne me reste aucun écho familial.

A la libération de Paris, le 25 août, les larmes de notre voisine, celle qui écoutait la radio. Maman, grand-mère et Michelle partagées entre le bonheur de cet événement qui marquait le début de la fin – l'armée de Leclerc libérerait Strasbourg le 23 novembre – et un regain d'inquiétude, l'angoisse plus vive à la pensée des trois absents dont nous ne savions rien. Des rumeurs déjà parvenaient-elles dans les monts du Beaujolais sur ce qui pouvait se passer dans les camps ? Impossible pour moi de le dire. Je ne savais qu'observer et emmagasiner toutes ces choses, lisse et impavide.

Nous n'avons connu que bien plus tard le devenir de Léo et de Jean. On ne réalise pas du tout que ces deux oncles, les deux frères de maman, les deux fils de grand-mère, auraient aujourd'hui dépassé, depuis longtemps déjà, la durée d'une vie : la mémoire les fige à un âge où il est intolérable que la vie s'arrête dans des conditions aussi injustes et effroyables.

De mon père, nous n'avions strictement aucune nouvelle.

Lyon est libéré le 3 septembre par le général de Lattre de Tassigny – nous sommes donc rentrées. Muguet, le chauffeur du service de santé, nous a ramenées à la maison dans des conditions difficiles : les routes étaient coupées et encombrées, et surtout l'entrée dans Lyon était presque impraticable, les ponts avaient été détruits, celui de la Guillotière était le seul qui enjambait encore le Rhône.

Où en étions-nous ? La France était libérée, mais la guerre continuait, les absents n'existaient toujours que dans un imaginaire fait d'anxiété et d'une désespérance grandissante.

Mon frère était rentré. Ma mère est allée le voir à Paris et faire la connaissance de Tamara, sa fiancée de 1940 – ils s'étaient connu en maths sup à Coutances –, ils se sont mariés en octobre. Tamara Rabinovitch, de nationalité anglaise et d'origine russe, était née à Kobé, au Japon. Sa famille s'était cachée pendant la guerre à Gambais, en Ile-de-France, le pays de Landru.

Maman est revenue bouleversée par la vue de son fils amputé si haut, mais aussi par la fierté de son parcours et de ce qu'il était devenu. Moi aussi j'étais fière : il était grand et magnifique, j'admirais l'agilité qu'il déployait. Venu nous voir rue Sully, il sautait sur sa jambe, avec ses béquilles ou non, je tremblais qu'il n'allât se fendre le crâne aux chambranles des portes.

L'enchaînement des événements est assez confus, comme si maman, qui avait su si bien diriger nos vies, se laissait à présent porter par des vagues qu'elle ne contrôlait plus.

Je suis retournée en classe chez les Dames de Nazareth, pour peu de temps, huitième rentrée scolaire. Maman et moi sommes allées à Paris pour ce premier Noël libéré, nous l'avons passé chez les parents de Tamara. C'était un vrai Noël russe, son père aux allures de boyard et sa mère toute petite, aux pommettes hautes, le visage un peu plat, petit chignon gris, je n'ai jamais plus rencontré une telle gentillesse chez qui que ce soit. Il y avait là toute la famille rescapée qui chantait, dansait, dégustant des mets que je ne connaissais pas. Je découvrais ce que pouvait être la gaîté, le bonheur d'être vivant et... l'hospitalité russe.

Il y eut une alerte pendant ce séjour à Paris, les Allemands avançaient dans les Ardennes, et à notre retour notre train fut mitraillé. La guerre n'était pas finie !

Le 2 février voit la libération de Colmar par de Lattre, l'armée va atteindre le Rhin et le Danube en allant vers le lac de Constance, d'où le nom qui la rend célèbre. Le 18 avril, prise de Royan, poche de résistance allemande. Dunkerque, Lorient, Saint-Nazaire et La Rochelle tiennent jusqu'à la capitulation allemande le 8 mai.

Les femmes votent pour la première fois lors des élections municipales : la vie nationale se refonde sur des bases nouvelles.

Le 30 avril, Hitler se suicide à Berlin. Le 8 mai, capitulation du IIIe Reich. Deux millions et demi de requis du S.T.O., de prisonniers de guerre et de déportés sont peu à peu rapatriés.

Le 23 juillet, s'ouvre le procès de Pétain devant la Haute Cour de justice. Il est condamné à mort le 15 août, peine commuée en détention à perpétuité. Pierre Laval, condamné à mort lui aussi, est exécuté le 15 octobre après avoir tenté de se suicider.

Le 2 novembre, la loi constitutionnelle prévoit l'organisation provisoire des pouvoirs publics, il s'ensuit le jour même l'élection du général de Gaulle, chef du gouvernement provisoire de la République française (GPRF).

Nous sommes restées à Lyon de septembre jusqu'aux vacances de Noël 1944. Grand-mère et Michelle étaient toujours avec nous, mon cousin Philippe aussi, mais peu de temps – parti s'engager dans l'aviation, il y fut affecté au sol : trop petit !

Décidément, la vie ne reprend pas un cours normal.

Je me suis demandé longtemps pourquoi maman avait décidé d'un départ pour Nancy. Peut-être n'avait-elle en tête qu'un séjour provisoire, prolongeant une visite à ma grand-mère Bénech qui nous réclamait ? Pour être là où mon père était susceptible de rentrer ? Par lassitude devant l'insistance de ma grand-mère de nous garder, lassitude devant encore des décisions à prendre ou devant encore des responsabilités, découragement devant l'attente ? J'ai réalisé beaucoup plus tard qu'au milieu de toutes ces raisons, les soucis financiers avaient pesé.

Nous revoici donc à Maxéville dans cette grande maison qui m'apparaissait encore plus sinistre que dans mon souvenir. Les plus belles maisons, les plus belles pièces, lorsqu'elles sont restées inhabitées sont des lieux sans âme. Mais le hêtre pourpre, largement bicentenaire, est toujours là, prodiguant à la petite fille que j'étais – comme encore beaucoup plus tard – une assurance de sécurité, autant sa puissance rassurante que le cycle annuel de la végétation.

Ma grand-mère s'était bien battue pour que sa maison ne soit pas occupée. Les vêtements de Simone, la fille de nos voisins Pointet, étaient disposés dans ma chambre – « *Ma petite fille habite avec moi* » – et elle emmenait l'officier allemand chargé de la réquisition devant le portrait en pied de mon grand-père en grande tenue de général, bicorne et tout le fourbi, l'officier allemand se mettait au garde-à-vous et disparaissait. C'est du moins ainsi qu'elle raconta les choses. En vérité, je suis dubitative : une chambre prétendument occupée, le portrait d'un officier d'avant 14 (mon grand-père était mort en 1913), y avait-il de quoi faire tourner les talons à l'armée d'occupation ? En revanche, l'eau courante n'allait pas jusqu'à l'étage : pour se laver, uniquement cuvettes et cruches ! Mon père ne ferait installer une salle de bains près des chambres qu'en 1948.

Nous sommes restées assez pour que je sois inscrite au cours Notre-Dame – encore des religieuses ! J'ai commencé l'allemand, ce devait donc être ma première sixième, avec des leçons particulières puisqu'arrivée au deuxième trimestre. L'anglais n'était pas, comme à Lyon, la première langue étrangère enseignée en Lorraine. Neuvième début de scolarité, comme d'habitude en cours d'année.

Je fis ma communion solennelle le 17 mai. Ma grand-mère, non seulement était croyante, mais attachée aux rites : la cérémonie des Cendres (« *tu es poussière et tu retourneras en poussière* »), le lavement des pieds du Christ par les apôtres le Vendredi saint, le Chemin de Croix pendant la Semaine sainte : elle m'a traînée à tout. En revanche, faire maigre n'était pas ritualisé : c'était encore toute l'année... Les pensionnaires des maisons closes, anciennes patientes du service d'hygiène, à la demande de Jeanne Pagel, restée infirmière dévouée, nous ont offert de quoi faire un vrai repas de communion.

Atmosphère étrange : seuls convives, ma mère, ma grand-mère, mon parrain et moi, dans la vaste salle à manger Louis-Philippe ouverte pour cette grande occasion. Malgré les événements des dernières années, ma grand-mère Bénech avait gardé le sens du rituel et du décor, et ce fut complètement incongru. Nous étions très sombres et très grises, habitées du sentiment d'être veuve et orpheline, ma grand-mère droite dans le deuil de son fils unique. Tout de même une séquence un peu légère : me croyant en retard ce matin-là, j'ai retroussé ma robe longue de communiante en organdi blanc pour courir à grandes enjambées après le tramway.

Et soudain le grand événement : mon père est rentré ! – mais à Lyon. Le ministère avait pourtant demandé qu'on le prévienne que « *sa femme et sa fille* » étaient à Maxéville. Il nous fallut plus de vingt-quatre heures, avec un changement à la gare de l'Est, où ma mère dut me confier à un porteur de bagages qui réussit à me hisser dans un wagon, car il était encore pratiquement impossible d'y monter sans petits arrangements : peu de trains, surchargés par des familles qui, comme nous, essayaient de se retrouver, séparées depuis si longtemps !

C'est ma cousine-sœur Michelle qui lui avait ouvert la porte mais c'est lui qui nous a accueillies lorsque nous avons sonné. Mon père était rentré – en vérité contre toute attente. Etrange impression. Je regardais les retrouvailles de mon père et de ma mère, la surexcitation de grand-mère, de Michelle, tous parlaient à la fois. Je ne me souviens pas de mon premier regard sur lui, j'étais comme toujours à côté de la situation, spectatrice de quelque chose qui ne me regardait pas. Il ne m'a serrée dans ses bras que le soir dans mon lit et je devais lui en vouloir de ne pas l'avoir fait plus tôt puisque j'ai le souvenir de lui avoir résisté. J'étais gênée, de nature trop pudique, on m'avait appris le silence, la discrétion, et je me retrouvais devant une démonstration d'affection, avec au fond de moi une espèce de rancune, je lui en voulais de son absence, de cette démonstration de tendresse que j'avais attendue pendant tout l'après-midi, devant laquelle j'étais déroutée, ne sachant comment y répondre.

Ce qui aurait dû être un des plus beaux jours de ma vie ne l'a pas été. Il m'avait adressé, à moi, par l'intermédiaire de la Croix-Rouge, depuis le camp, une carte infiniment émouvante datée du 12 mai 1945. Quand l'ai-je lue, si même je l'ai lue ? Quand l'avons-nous reçue ? Peut-être était-il déjà rentré lorsqu'elle est arrivée et ne me l'a-t-on jamais montrée ? Ce n'est que beaucoup plus tard que je l'ai eue entre les mains, retrouvée au milieu des documents précieusement conservés, récupérée en même temps que son brassard en feutrine noire, avec la découpe « *H-Artz* » en toile blanche, qui à Mauthausen l'identifiait comme médecin-détenu – seul objet qu'il avait conservé.

Par bribes, j'ai acquis l'illusion de comprendre ce qu'avait été la déportation, non seulement une absence pour nous, à laquelle nous pensions nous être presque accoutumés, illusion qui permet de vivre, mais surtout la monstrueuse souffrance vécue par eux, les absents – celle des déportés qui sont rentrés, essentiellement incommunicable ; quant aux autres, qui ne sont pas rentrés, nul ne connaîtra l'histoire de leur dernière vie, l'étendue des souffrances traversées.

On ne parlait pas de ceux qui n'étaient pas revenus, tout au moins devant moi : de Jean, Jeanne, Léo. Pas non plus de cette amputation si haute de mon frère Gérard, qui certes ne l'a pas empêché de vivre normalement, mais dont la vue était déchirante, pour maman d'abord, pour toute la famille.

Spectatrice attentive et lisse, je ne comprenais pas pourquoi, si la guerre était finie, ILS ne revenaient pas. Que de questions posées à tant de gens, enfants et adultes !

Mon père avait été ce que l'on appelait chez les déportés un « *privilégié* », *prominent* : parmi ceux qui avaient la chance d'exercer une fonction indispensable à l'auto-administration du camp par les détenus eux-mêmes – terrible invention du système des camps –, en l'occurrence, médecin affecté au *Revier*. Pas de travaux de force à fournir, et surtout, s'agissant de Mauthausen, dispensé du travail à la carrière et des fameuses cent quatre-vingt-six marches de l'escalier, instrument d'assassinat, et ayant bénéficié d'une ration alimentaire permettant de survivre. Il était donc revenu maigre, mais pas de cette maigreur tant décrite et tant photographiée, avec cette peau sans couleurs et comme sur le point d'être percée par les os, les yeux trop grands. Son visage était comme une lame de couteau, mais c'est surtout le regard qui avait changé : tantôt, portant le reflet du cauchemar, tantôt envahi par l'émotion de se trouver devant ceux qu'il aimait, apparemment inchangés, ce que là-bas, il n'avait pas espéré, et aussi d'avoir échappé à un univers de monstruosité, mesurant le « *miracle* », ainsi qu'il l'avait écrit dans la carte, écrite au camp, parvenue par l'intermédiaire de la Croix-Rouge.

MAUTHAUSEN

Je me suis rendu compte, un jour qui ne dut pas être semblable aux autres, que je n'avais pas du tout digéré les cinq années de guerre, de départs sans retours – tout particulièrement la déportation de mon père et de mes oncles. Cette période-là, qui pesait tellement lourd dans notre vie, nous ne l'évoquions que pour des questions pratiques ou pour justifier nos diverses attitudes devant les complications et les bonheurs de l'existence.

Mais cette conscience à fleur de peau ne signifiait pas que je digérais véritablement : pour cela, il fallait encore – comme le médecin qui diagnostique un ulcère qui ne veut pas guérir – que j'opère, que j'ouvre, que je farfouille et triture, que j'aille au fond du trou noir. Je savais confusément que c'était indispensable pour pouvoir ranger à leur place ces années-là : il me fallait essayer de donner consistance à cette part de vie que mon père n'avait pu partager avec nous, cette absence sans au revoir à l'heure d'un déjeuner ordinaire, un jour comme les autres. Tout d'un coup, le père simplement n'est pas là. La scène dut être différente pour maman ou Michelle qui, elles, n'avaient pas dix ans. Toujours à la fois étrangement réceptive et impavide, toujours lovée en moi-même, je n'ai pas réalisé ce que ce moment anormal signifiait et allait entraîner. Je n'ai pas su lui donner le nom ni le poids de l'absence : il n'était pas là, voilà tout. Ce qu'il m'aura fallu de temps pour nommer et combler ce vide !

Il m'aura fallu tenter de comprendre comment des humains pouvaient être passés par cette barbarie, ceux qui la subirent et ceux qui la firent régner. Que l'on ne se méprenne pas : je n'ai pas poursuivi mon père de mes interrogations, nos vies étaient trop imbriquées pour que ce fût nécessaire et opportun, ses silences et les nôtres étaient aussi le reflet de traits de caractère qui nous étaient communs. Il m'aura fallu aussi toucher matériellement – et même, en quelque sorte, charnellement –, par les moyens disponibles, ce qu'avait été le continent inabordable des déportations.

J'ai déjà parlé des démarches entreprises pour obtenir les informations complémentaires – carrière, arrestation, incarcération et déportation – aux différents dossiers administratifs qui avaient survécu à moult déménagements. Mes investigations dans divers services ministériels, dans des archives municipales ou départementales, auprès de la Croix-Rouge internationale, me permirent de préciser les dates et lieux d'arrestation et de transfert, indispensables pour baliser ces longs dix-huit mois.

Mon père n'avait, pour ainsi dire, pas raconté.

Sans pitié, sans repos, sans remords : telle est la singulière devise que l'on pouvait lire sur son papier à lettre, et qui me fut longtemps obscure, même m'avait paru choquante. De fait, il y avait chez lui le parti-pris déterminé de ne pas regarder en arrière : revenir sur le passé, sur les décisions prises, éprouver des regrets, tout cela pour lui était vain. Contrairement à la grande majorité de ses camarades déportés, il n'est jamais retourné à Mauthausen. Sans doute souffrait-il d'une grande fatigue, de lumbagos à répétition, mais cela ne l'eût pas empêché ! En toutes circonstances, il fut ainsi : ne revint jamais dans un service hospitalier ou administratif qu'il avait quitté ;

ne m'emmena jamais hanter le préventorium de Rosières-aux-Salines, où nous avions des souvenirs communs, ni Santifontaine. S'il lui arrivait de parler de la guerre 14-18 ou de Mauthausen, ce n'était que pour dire, goguenard : « *Sans ces deux guerres, je n'aurais jamais voyagé et n'aurais jamais connu ni l'Orient ni l'Autriche...* ». Mais il assurait inlassablement : « *La preuve est faite que la civilisation n'était qu'un vernis* ».

Il n'a rien raconté. Nous n'aurions d'ailleurs pas compris qu'il puisse placer tel ou tel épisode, de sang-froid, comme de simples récits de voyage. Je ne pourrais pas même affirmer qu'il soit beaucoup allé à la rencontre de ses camarades de camp. Le passé encombre le présent, je suppose.

Il n'était pas homme non plus à écrire sur le passé quel qu'il fût. Il le fit une fois – j'y viendrai – sous la forme d'un article demandé instamment par son camarade Emile Valley, secrétaire général de l'Amicale de Mauthausen. Il avait été obligé aussi, pour des raisons administratives, de retracer son parcours de résistant : la lecture de ce document-ci donne plus à penser à l'écriture d'un âne qui recule qu'à un homme qui se complait dans son passé.

Vraiment, il a très peu parlé, tout au moins devant moi. Mais nous parlions-nous, avions-nous des conversations de père à fille ? Avec le recul, j'en suis de moins en moins certaine. A d'autres interlocuteurs et en ma présence, peut-être, mais sporadiquement et par bribes, au détour d'une conversation qui faisait surgir un éclat de souvenir. Comment d'ailleurs aurait-il pu raconter, lui le pudique, qui eut sous ses yeux de médecin les visages de ceux qui, étant passés au-delà du désespoir, n'offraient plus qu'un regard vide ?

Attirée comme le moustique par une lampe allumée, je me précipitai des années durant sur les livres qui traitaient du nazisme et de la déportation, évidemment aussi de l'histoire de la Résistance. Mon seul sens politique était le refus, pour ne pas dire la révulsion viscérale, face à tout ce qui pouvait ressembler de près ou de loin à la ségrégation, à l'étiquetage, à l'assimilation mécanique d'un individu à une secte, à un clan, à une communauté. Individualiste invétérée, je refusais toute idée de racisme, de sectarisme. Que certains m'aient taxée d'angélisme, quelle importance ! Je mourrai naïve plutôt qu'enfermée dans les idées de rejet qui mènent à ce que l'on sait. Réaction, au demeurant, parfaitement dans les normes judéo-chrétiennes dont je suis issue : deux familles aimantes, deux origines distinctes, m'ont appris de concert que seul compte l'amour éprouvé et reçu. J'ai appris aussi que l'on peut – comme ma cousine Michelle qui jusqu'à un âge très avancé, n'osait pas énoncer à haute voix son nom de jeune fille lorsqu'elle allait voter – être resté traumatisé par l'antisémitisme qui, bien que moins franc que pendant les années noires, reste latent.

C'est au sein de l'Amicale de Mauthausen, où je me suis enfin immergée, que j'ai pu entrevoir concrètement ce qu'avait été la vie concentrationnaire et en toucher les scories.

J'ai d'abord pris conscience, jusqu'à en être intimement convaincue, de l'absolue nécessité de continuer à conserver et transmettre les mémoires des déportés : ceux d'entre eux qui le peuvent aujourd'hui encore interviennent sans relâche dans les collèges et lycées. L'intensité de leur parole est un fait indéniable, tout spécialement lorsqu'ils répondent aux interrogations de leurs enfants et petits-enfants qui ont entrepris avec eux le voyage à Mauthausen, quelquefois aussi tardivement que moi.

Par la lecture systématique et passionnante des Bulletins publiés depuis 1945, soigneusement conservés et aujourd'hui numérisés et mis en ligne, je me suis nourrie de la source documentaire la plus complète et la plus accessible concernant l'histoire des Français de Mauthausen, puis de leur mémoire collective, incarnée par leur Amicale. Enfin les événements devenaient concrets, j'avais sous les yeux le reflet de soixante ans d'histoire de la déportation, vivante, offerte à l'ignorante que j'étais. Les archives photos, les films vidéo disponibles maintenant sur DVD, une bibliothèque constituée des auteurs les plus compétents, fut un enseignement inégalable. Je suis ainsi devenue rapidement familière des connaissances disponibles sur le camp de Mauthausen et ses quelque quarante camps annexes. J'ai découvert un formidable foisonnement d'idées, d'actions conduites depuis plus d'un demi-siècle, non seulement par les déportés créateurs de l'Amicale mais par leurs descendants, pour donner corps et sens à ce mot rien moins qu'abstrait : la mémoire.

La plupart des anciens déportés auront éprouvé le besoin de revenir sur les sites des camps, certains très tard, certains sans cesse. Pour les néophytes, et même pour les proches, l'apport de ces voyages est immense, du fait de la puissance évocatoire des lieux sans doute, mais plus exactement par la rencontre, sur les lieux, entre des vécus et des refoulés essentiellement solitaires – ou qui se croyaient tels – et dont la connivence vite admise déroule des séquences d'expériences passées, identiques ou dissemblables : aucune vie d'enfants ou de conjoints de déportés, revenus ou non, n'est libérée de ce passé, et chaque expérience est unique. Ainsi, les enfants qui ont vécu l'absence (et le retour !) d'un parent déporté se différencient de ceux qui, nés après la guerre, n'ont perçu la tragédie vécue par leur père ou leur mère qu'à travers des récits voire, pour certains, par une transmission volontariste de l'expérience et des leçons de la déportation par les parents. Les échanges au cours de ces voyages très particuliers sont d'une richesse sans pareille.

Quant aux lieux... Chacun ressent une émotion toute personnelle à la découverte de ces paysages à la fois heureusement désaffectés, sanctuarisés et si connus par l'image. Pour moi, le choc eut lieu à la gare. Pourtant, les bâtiments actuels ne sont pas ceux de l'époque, le lieu est quasi-désert, le regard s'accroche à un vieux pylône rouillé où je veux voir un gibet et à une petite bâtisse désaffectée : pourquoi est-ce la pire vision que l'ai rapportée de mon premier voyage à Mauthausen ? J'y ai été envahie par le souvenir de mes lectures, qui attendaient de prendre corps. Tout à coup, se projette, plein champ, une masse de fantômes affolés, d'êtres épuisés par la soif, par la faim, ankylosés par l'immobilisation subie dans des positions invraisemblables, pressés d'échapper à l'entassement des uns sur les autres, des vivants et des déjà morts, avec, cette fois, la vraie peur au ventre : Où sommes-nous ? Où allons-nous ? Vers quoi allons-nous ? Que faisons-nous là ? Puis c'est la marche forcée, qui détourne un peu la peur, comme souvent un semblant d'action, on se met en route vers quelque chose, on ne sait pas quoi, mais marcher, c'est de nouveau agir. D'autres encore vont mourir pendant la montée de ce chemin inconnu, quatre kilomètres environ, d'épuisement et sous les coups des gardes hurleurs qui ne doivent même plus savoir ce que parler normalement veut dire, avec en bruit de fond le hurlement terrifiant des chiens. J'avais en tête de nombreux récits publiés...

Mon père a survécu, à l'épouvantable voyage en train, que tant de récits évoquent, puis à cette marche qui semble ne jamais devoir finir. Lui qui ne marchait jamais, qui n'a jamais pratiqué aucun sport, sauf l'escrime et le cheval, à vingt ans... Il en avait cinquante-sept – et, comme il le mentionne dans cette carte envoyée le 12 mai 1945 par l'intermédiaire de la Croix-Rouge : « *C'est un miracle !* », engagé dès ce premier épisode.

Arrivés, pour notre part, à l'énorme forteresse dans un car confortable, je fus saisie, comme dans d'autres camps – le Struthof, par exemple – par la sérénité et la beauté du paysage environnant : il est invraisemblable que des humains aient pu y ériger, à dos d'homme, une forteresse conçue pour humilier, tourmenter et tuer en masse des semblables.

L'immensité du camp frappe bien sûr, mais, pour moi en tout cas, l'espace, les baraquements tout beaux, tout propres, ne m'apportent sur le moment qu'un message tout intellectuel : l'endroit m'est apparu comme aseptisé – cette perception n'était peut-être d'ailleurs qu'un instinct de défense, qui s'effondre dès que l'on se retrouve sous les fausses pommes de douche dans la petite pièce où des milliers de détenus ont été gazés.

Dans le vaste local en sous-sol des douches, les vraies, je me remémore soudain que, oui, mon père nous avait parlé : pour évoquer la mise à nu, le rasage intégral, l'appel en plein vent, les pieds dans la neige de ce 25 mars 1944 où arriva son convoi venant de Compiègne, jusqu'au soir sans boire ni manger.

Le vrai *génie du lieu*, c'est la carrière : c'est là, plus qu'ailleurs, que l'on voit, que l'on entend, que l'on sent, en tout cas moi, les êtres humains qui sont passés, ont souffert, sont morts après avoir été délibérément détruits physiquement et moralement. On parvient même à gommer, sans effort d'imagination, l'actuelle végétation qui banalise et, en quelque sorte, civilise cet étrange cirque, spécialement cette zone de l'à-pic que l'on appelait *le mur des parachutistes,* parce que les SS, fréquemment, par caprice, y poussaient dans le vide les détenus. J'ai vécu, dans cette carrière de Mauthausen de sinistre notoriété, à la tombée de la belle nuit du 9 mai 2010, l'événement commémoratif du 65e anniversaire de la libération du camp, dont le souvenir en moi est indélébile : après la déclamation polyphonique, offerte à quelque deux cents Français, de fragments de récits, répercutés par l'écho qui emplit le cirque de granit, les participants les plus vaillants ont remonté les cent quatre-vingt-six marches, tenant une torche à la main, ouvrant ainsi un chemin de lumière, au rythme de l'Adagietto de la cinquième Symphonie de Gustav Mahler, dans la transcription vocale réalisée pour le chœur Accentus, une musique possible en ce lieu où Wagner sera à jamais inaudible.

Par cette immersion, ces expériences, j'étais allée au bout de ce qu'il est possible d'approcher : j'avais replacé mon père parmi ses compagnons de déportation, j'avais comblé la béance qu'était ne rien comprendre de ce qu'il lui était advenu. C'était énorme, j'en étais toute troublée – mais mon père restait indiscernable dans la masse des camarades dont il avait partagé le sort. Si, presque tous, ils avaient conservé avec cette part de leur vie une relation d'une autre sorte, il me restait à accéder, par quelques indices et témoignages aussi précieux que fragmentaires ou indirects, à son vécu spécifique, assez pour éclairer certains mystères de sa personnalité ultérieure, les symptômes de son vieillissement, le relatif mutisme dont il entoura sa traversée de Mauthausen.

Il est certain que les médecins déportés furent, dans les camps, pour ce qui est des conditions matérielles de leur quotidien, des privilégiés (on n'ose pas ce mot sans fureur) : nourriture moins insuffisante, pas de couchage à trois par châlit, pas de corvée épuisante. Jean Bénech a dit sans équivoque : « *Si je n'avais pas été médecin, je ne serais pas revenu* » – à cinquante-sept ans, éventualité hautement improbable, sinon nulle, en effet !

J'ai reçu, en pleine face, de quelques déportés que Jean Bénech avait eu à tenter de soigner, des témoignages extraordinairement émouvants et d'une véracité combien imprévue : ainsi, de Jean-Baptiste Nobilet, qui attestait devant moi de cet eczéma purulent guéri par mon père ; ou de Paul Dubarry, tellement troublé de se trouver devant la fille du médecin qui, par je ne sais quelle manœuvre, l'avait caché au *Revier*, et grâce auquel il avait pu échapper, par une affectation comme électricien dans un atelier, aux travaux de force à la carrière ou dans les tunnels de Gusen – « *Il a été mon sauveur* », m'a-t-il écrit avec des vœux de nouvel an. D'autres déportés m'ont affirmé avoir été témoin d'actes de cannibalisme, tellement la faim était grande, la civilisation anéantie, provoquant cette immense régression à l'état de sauvagerie, dont parlera mon père plus tard, en se gardant d'entrer dans le détail.

Jean Bénech, après un transfert de courte durée au camp de Melk, fut ramené au camp central jusqu'à la libération. Il fut donc affecté comme médecin au *Revier* de Mauthausen, vaste enceinte de barbelés située en contrebas de la muraille de granit, à l'extérieur du camp des détenus, mais où était une proportion importante (plus du tiers !) du total des détenus affectés au camp central, ce qui en dit long sur l'état sanitaire du camp de Mauthausen...

Les médecins déportés François Wetterwald et Gilbert Dreyfus (dit Debrise), affectés d'abord au *Revier* de Mauthausen puis à celui du camp annexe d'Ebensee, ont publié, peu après leur retour, des récits où ils témoignent avec une remarquable intensité de l'exercice de leur fonction au *Revier*, lieu de la plus grande déchéance, de toutes les détresses et dérélictions, où certes ils ne sont pas des observateurs distanciés ! Ils expriment avec une terrible lucidité le statut de l'humanisme post-concentrationnaire.

Puis-je assurer avoir trouvé, à la lecture de ces livres si chargés d'humanité, quelque chose dont j'étais en quête, qui ouvrait les vannes du mutisme de mon père, et en quoi j'éprouvais reconnaître le même degré d'exigence éthique, la posture même qui – du fait d'une différence de personnalité et assurément pas d'une divergence de conviction – fit que mon père repoussa l'idée d'écrire ou de parler ?

De François Wetterwald, pour *Les morts inutiles*, sa préface de 1946 :

« *Mon sort n'eut rien d'exceptionnel.* [...] *Que raconter* ? *Après quelques mois de bagne, il ne reste qu'une sorte de brouillard confus, un mélange de sensations diverses, un nuage coupé ça et là d'éclaircies.* [...] *On parle beaucoup de morts dans cet ouvrage... Que voulez-vous, il y en avait partout. Je n'ai pas suivi la règle classique, je n'ai pas montré l'image d'Epinal attendue : les méchants SS et les bons détenus. Les SS, je les ai peu vus. Et je vivais au milieu de mes camarades déportés. J'ai voulu surtout montrer à quel point un système barbare peut arriver à transformer les hommes...* ».

Ou, bien plus tard :[8]

« Or, je fus envoyé en camp de concentration... et ne le pardonnerai pas car je ne peux admettre ce système inhumain quel que soit le drapeau qui flotte à la porte du camp. Au spectacle de tant de misères, j'ai réagi uniquement en médecin et c'est un médecin qui parle, qui n'a pas à s'informer, avant de faire son devoir, de la nationalité, de la religion ou de l'appartenance politique de ceux que, parce qu'il est médecin, il DOIT aider ».

Gilbert Dreyfus (Debrise), dans *Cimetières sans tombeaux*, outre la chronique de son activité quotidienne

[8] Préface de 1991.

au *Revier*[9], qu'il trace avec une crudité toute clinique qu'un lecteur distrait pourrait confondre avec le cynisme, ne manque pas de développer son analyse de la logique nazie :

« Les Allemands élevés sous le régime nazi sont des êtres foncièrement sincères, et convaincus des vérités qu'on leur enseigne.

On leur enseigne le mépris. Un mépris intégral pour tout ce qui n'appartient pas à la race des Seigneurs, pour tout ce qui ne contribue pas à la grandeur du Reich. Ils ne nous considèrent pas, nous étrangers, comme étant de la même espèce zoologique qu'eux. Ils professent également un mépris total de la dignité humaine, de la mort, la mort d'autrui s'entend.

Ils ne réfléchissent jamais. Ils n'ont aucun esprit critique, aucun jugement, aucune initiative. Pas d'opinion personnelle. Pas de pensée propre. Le doute leur est inconnu.

Ils ne connaissent que la règle, la hiérarchie, la discipline. Ils ont la passion de l'obéissance passive. Le culte de la forme leur tient lieu d'âme et de conscience.

Ainsi endoctrinés, l'hypocrisie leur est devenue une seconde nature, qui leur permet de concilier le plus naturellement du monde avec des méthodes d'une sauvagerie révoltante une sentimentalité à fleur de peau.

Monstres à double face qui, d'une main caressent et de l'autre, supplicient.

Le peuple allemand est la proie d'une véritable psychose collective. On croirait avoir à faire à une bande de fous. A vrai dire, ce sont là les manifestations non pas d'une aliénation, mais d'une arriération mentale, d'une affectivité hypoévoluée.

Certains peuples adolescents en sont encore au stade de croissance et de maturation. La perversité du peuple

---

[9] *Revier* : Infirmerie d'un camp de concentration.

allemand, peuple adulte, résulte d'un infantilisme mental cristallisé – une sorte d'enfance prolongée.

La célèbre « Schadenfreude » – joie de nuire, joie de faire et de voir souffrir – en est un stigmate caractéristique. Le sadisme du S.S tortionnaire, c'est le sadisme du petit garçon qui arrache les ailes à une mouche. Et les « Häftlinge »[10] *représentent-ils aux yeux des Nazis quelque chose de plus qu'une mouche ? De même la vanité collective du peuple allemand.*

De même son amour effréné du spectaculaire. Sûrs de la victoire et de l'impunité, rien n'était susceptible de les arrêter sur cette voie, tels encore des enfants qui n'auraient à redouter ni réprimande ni châtiment.

Si le but précis poursuivi par les organisateurs des « Konzentrationslager »[11] *nous échappe en partie, du moins cette brève analyse psychiatrique jette-t-elle une lueur sur certains aspects obscurs du problème, aide-t-elle à comprendre certains paradoxes apparemment inexplicables ».*

Et pourtant, il conclut par une note d'optimisme – un optimisme de la volonté, aux antipodes de l'angélisme – après avoir décrit les sinistres conséquences de l'état concentrationnaire sur le comportement humain :

« Ce que nous avons vu, ce que nous avons vécu dans les camps de concentration dépasse les limites de l'intelligence ; et personne n'y comprenait grand-chose. Rien non plus n'était à l'échelle de la sensibilité humaine. Et c'est pourquoi nous avons pu tout supporter...dès l'instant qu'un homme, fût-il seul, a su demeurer homme au milieu de ces épreuves, la cause de l'homme n'est pas désespérée.

Dès l'instant qu'un homme a échappé au massacre, l'espèce humaine est sauvée. L'esprit n'a pas capitulé

---

[10] Les détenus.

[11] Camp de concentration.

devant la force. Accepter, se soumettre, c'était encore « collaborer ». Nous n'avons pas collaboré.

Et là-bas, nous avons compris que l'homme est éducable, et doit être éduqué – que le bonheur individuel, que le progrès social peuvent, fruits d'une longue patience, être cultivés ».

C'est en accédant aux documents évoquant précisément les circonstances dans lesquelles Jean Bénech exerça sa fonction, au *Revier* de Mauthausen, dans la période particulièrement trouble et dangereuse de la libération, que j'ai pu ravauder le tissu de son existence entre le 20 décembre 1943, date de son arrestation, et le 25 mai 1945, jour de son retour en France. Le découvrant tel qu'il avait été durant cette longue spoliation, j'ai éprouvé l'apaisement, et même le bonheur de le retrouver tel que je l'ai connu, les deux images se superposant exactement.

Emile Valley, pour le dixième anniversaire de la libération du camp, raconte dans le Bulletin de mai 1955 (n°44) cette période de la libération. On ne comprendrait rien sans ces éléments du contexte général :

« *Le 21 avril 1945, la bataille fait rage ; à l'Est, les soviétiques sont à quelques dizaines de kilomètres de Mauthausen ; à l'Ouest, les troupes américaines approchent. Nous sentons la libération proche, mais un malaise terrible plane ; le camp sera-t-il exterminé ?*

C'est dans cette atmosphère qu'une rumeur se répand dans le camp : la Croix-Rouge internationale vient pour rapatrier les Français !... Nous n'osons y croire ; pourtant cette rumeur se confirme, et le 22 avril, nous voyons apparaître les camions de la Croix-Rouge.

Le dimanche 22 avril, un premier convoi de cinq cent cinquante personnes part sur la Suisse : quatre cent quatre-vingts femmes en forment l'élément principal ; ce sont des Belges et des Françaises venant de Ravensbrück ;

à la dernière minute, soixante-dix hommes doivent compléter cet effectif. Qui va-t-on choisir ?

Les chefs nazis refusent d'évacuer les malades, ils ne veulent pas que leur aspect physique soit la condamnation des SS et des camps de concentration nazis.

Le 22 avril, partent donc avec les quatre cent quatre-vingts femmes soixante-dix Français désignés parmi les déportés relativement « bien portants ». Quelle joie pour tous que le départ de ce premier convoi ! Même pour ceux qui restent. Nous pensons qu'au moins ceux-ci seront sauvés, qu'ils pourront faire connaître les horreurs des camps de concentration et qu'ils alerteront l'opinion publique française et le gouvernement français, en leur demandant de tout mettre en œuvre pour aller secourir et rapatrier rapidement les derniers rescapés des camps nazis.

Parallèlement à cette évacuation, une caravane formée par les grands malades du Revier *monte de l'infirmerie vers les chambres à gaz afin d'y être exterminés, les chefs nazis voulant faire disparaître les preuves les plus marquantes de leur cruauté. Parmi ces mille cinq cents grands malades, il y a deux cents Français pour lesquels le comité clandestin français multiplie ses efforts afin de les soustraire à cette mort cruelle ; grâce à lui et au comité international de résistance du camp, cent cinquante d'entre eux échappèrent à cette mort terrible.*

Après le premier convoi de la Croix-Rouge, chaque jour, trois cents déportés furent gazés.

Le 24 avril, un nouveau convoi de cent quatre-vingts Français est pris en charge par la Croix-Rouge. Le 27, c'est encore un convoi de cinq cent soixante-dix Français qui est dirigé vers la Suisse. A cette date, tous les Français valides se trouvant au camp de Mauthausen proprement dit sont évacués, je reste seul des Français dans le camp même. Les SS font revenir de tous les kommandos

Français, Belges et Luxembourgeois. Nos camarades arrivent pleins d'espoir, croyant leur libération proche. Hélas ! Les camions de la Croix-Rouge n'arrivent plus ; leur espoir fait place à l'angoisse, tous se demandent s'ils reverront un jour leur pays ; les Français revenus des kommandos *sont mis en quarantaine où ils vivent dans les plus grandes privations et dans des conditions d'hygiène épouvantables ; le nouveau comité français s'efforce de soulager la misère de nos camarades en distribuant au mieux les colis que la Croix-Rouge a apportés en venant chercher les premiers rapatriés. Hélas ! Ces colis ont été en partie pillés par les SS. Leur chef, Bachmayer, a, à lui seul, pris 600 kilos de chocolat et des milliers de paquets de cigarettes. Le nouveau comité clandestin français a une tâche écrasante à assurer, car, en plus de la solidarité il a, vu le départ des Français du camp même, à réorganiser son « appareil » militaire clandestin. Il faut faire vite, car au cours d'une réunion clandestine du comité international présidé par notre ami Durmayer, nous apprenons que les SS doivent mettre le feu à tous les* blocks *et faire sauter le camp.*

En quelques jours, nous réussissons à former « l'appareil » militaire qui devra le jour venu, contribuer à la lutte pour empêcher l'extermination du camp.

La nuit du 4 au 5 mai est terrible, quelques camarades seulement sont au courant des intentions des nazis, ils doivent être en alerte constante, interdiction leur est faite de dormir.

L'avance des troupes américaines empêche les SS de mettre leur sinistre plan à exécution, ce n'est, plus qu'une question de quelques heures. Les SS se groupent autour de leur chef Bachmayer et se retirent sur les bords du Danube, en face du village de Mauthausen.

Le 5 mai, il est 14 heures lorsque nous voyons apparaître un tank américain suivi de deux autos-

chenilles ; à ce moment, il ne reste plus au camp, pour assurer notre garde, que quelques dizaines de SS et des policiers viennois.

Comment décrire le délire et l'enthousiasme qui éclatent ? Ce sont des heures inoubliables, tous s'embrassent et ne savent comment exprimer leur immense bonheur ! Et voilà qu'apparaît, hissé en haut du portail, le drapeau français et une banderole portant une inscription en espagnol saluant nos libérateurs et qui avaient été confectionnés clandestinement ; à leur vue, l'émotion nous étreint, nous pleurons tous de joie et spontanément nous entonnons en chœur La Marseillaise ; l'ensemble des déportés chante avec nous notre hymne national, qui, pour tous, comme en 1792, est l'hymne de la liberté.

Nous sommes libres mais pas encore sauvés ; un danger mortel nous menace, l'attaque du camp par les SS ! Nous mettons les Américains au courant de cette situation et leur demandons de rester avec nous. Ceux-ci se mettent en relation avec leur état-major pour en avoir l'autorisation. La réponse est nette : « Ne vous occupez pas de cela, continuez votre mission de renseignements. »

A peine une heure après leur arrivée, les Américains repartent. Nous étions livrés à nous-mêmes, face aux SS menaçants. Il faut agir vite. Déjà, « l'appareil » militaire international de résistance du camp était entré en action, huit cents déportés parmi les plus valides étaient armés, dont cent Français, et étaient organisés par sections. Des tâches multiples et écrasantes incombent au comité international. Eviter le pillage des magasins de vivres, assurer le ravitaillement des déportés de la façon la plus équitable, réorganiser le Revier *avec les médecins déportés restés au camp, donner les soins aux malades et trouver des médicaments ; les masques à gaz sont démontés de façon à récupérer le charbon qui s'y trouve pour soigner les dysenteries. Les sections militaires de déportés doivent protéger le camp contre l'attaque de quatre cents SS qui, sous les ordres de Bachmayer, menacent de repasser le Danube et de nous exterminer.*

La nuit du 5 au 6 mai a été la plus terrible et la plus angoissante que nous ayons vécue. Dans la nuit, il y eut un commencement d'attaque des SS, mais grâce à l'organisation militaire, sous le commandement du major soviétique Pirogof, les quatorze mille internés furent sauvés. Nous eûmes à déplorer dans les combats la mort d'un de nos camarades espagnols et douze blessés. Je veux signaler ici l'attitude courageuse de nos camarades espagnols ; grâce à eux, nous avions pu nous emparer des armes, et ils ont été avec nos camarades soviétiques les éléments moteurs de notre organisation militaire.

Nous vécûmes trois jours ainsi, livrés à nous-mêmes, sans pain, sans ravitaillement. Il nous fallut assurer par nos propres moyens la subsistance des déportés et leur protection. Enfin, au bout de cette période, les Américains arrivèrent en masse, occupèrent la région et le camp. Hélas, une déception nous attendait encore. Les Américains nous désarmèrent immédiatement, nous empêchant ainsi de faire justice en exécutant les SS que nous avions ramenés de force au camp et incarcérés au Bunker.

Ils nous enfermèrent au camp (nous ne pouvions en sortir qu'avec des laissez-passer), nous empêchant ainsi d'aller réquisitionner la viande fraîche, qui aurait constitué une nourriture plus appropriée pour notre état déficient que les conserves qu'ils nous distribuèrent, et aurait sans doute sauvé nombreux d'entre nous. Tout en assurant le fonctionnement du camp, au sein du comité international, le comité français lutte pour une évacuation rapide de ses ressortissants. Tout est mis en œuvre : lettres, télégrammes au gouvernement français, protestation auprès des autorités américaines qui refusent, parce que civils, de nous évacuer par avion. Le 17 mai, avec l'appui du colonel Saint Gast, camarade du camp, rapatrié le 22 avril et revenu en mission à Linz, nous réussissons enfin à faire partir nos camarades vers le terrain d'aviation de Linz, grâce à une sortie massive que nous faisons à l'insu du colonel américain. A l'arrivée au terrain, la situation se tend, les Américains refusent d'évacuer les Français et menacent de nous faire remonter sur Mauthausen. Je me rends avec le délégué de la Croix-Rouge internationale auprès du colonel américain commandant l'aérodrome, lui demandant de rapatrier à tout prix les déportés français qui attendent déjà depuis deux jours.

Le 18 mai, à 23 heures, après de longues discussions, le colonel nous propose enfin que, le lendemain, tous les Français soient rapatriés par avion. Hélas, pendant cette attente à l'aérodrome, nous avions eu à déplorer la mort de six Français.

Le 19 mai, l'ensemble des déportés français relativement bien portants est dirigé vers la France, par avions ou camions de la Croix-Rouge internationale. A partir du 15 mai, tous les malades du Revier *n'étant pas en état d'être rapatriés, avaient été placés dans les hôpitaux sous contrôle américain.*

Avant de quitter le camp de Mauthausen, le 16 mai, les déportés de toutes nationalités s'étaient rassemblés, face aux fours crématoires préalablement couverts de fleurs, et là, les membres responsables de chacun des comités nationaux respectifs rendirent hommage à nos chers camarades morts dans le camp maudit. Nos cœurs se serraient à l'évocation de tant de visages d'amis que nous ne reverrions plus et qui ne connaîtraient pas la joie du retour.

Emile Valley, matricule 60652 »

Fernand Alby, qui fit partie du comité français, relate lui aussi cette libération dans un long article du Bulletin n°221, à l'occasion du quarantième anniversaire de la libération :

« *Il est décidé de grouper les nationalités par* blocks. *Les* blocks *12-13-14 sont attribués aux Belges et aux Français. Honoré Geers est responsable du* block *14, Gillis du* block *13. Maurice Billotte du* block *12 et chacun désigne son collectif de travail.*

La moitié du block *12 est mis à la disposition des médecins : le capitaine Pétchot-Bacqué en assume la responsabilité avec Michel Averbuch, Albert Haas, Robert Thiriat. La pharmacie est confiée au capitaine de réserve Ligonday. Une affiche est placardée dans chaque* block, *indiquant les heures des visites.*

Au Revier, *un* block *est mis à la disposition du docteur Bénech, afin d'y rassembler tous les Français et les Belges dispersés dans les différents* blocks *du* Revier. *Le docteur Bénech ayant besoin d'une équipe pour l'aider, 25 volontaires s'inscrivent parmi eux [...]. Un spectacle indescriptible s'offrait à nos yeux dans la cour du* Revier *: un monceau de cadavres (cinq cents, mille peut-être) dans une saleté voulue par les maîtres du camp.*

C'est dans ces conditions inimaginables, sans eau, dans une atmosphère imprégnée d'odeurs nauséabondes – les tinettes n'ayant pas été vidées depuis plusieurs jours – que nos camarades, sous la conduite d'Emile Valley et du docteur Bénech, entreprirent de nettoyer le block *et d'y installer les malades. [...]*

Il restait les malades au camp. Le docteur Bénech et E.Valley ne les quitteront que lorsqu'ils auront trouvé pour eux une place dans les hôpitaux civils ou militaires de la région.

Le 26 mai, Emile rentrait en France par les camions de la Croix-Rouge avec un groupe de malades.

Fernand Alby, matricule 26216 »

Le Comité national français agit au grand jour à partir du 5 mai. A compter de cette date, Jean Bénech travaille avec les autorités américaines et le Comité international.

Le Bulletin commémoratif de mai 1955 publie les deux appels au secours – le premier signé du docteur Jean Bénech, « inspecteur du service de la santé publique », le second d'Emile Valley, au nom des survivants délégués au Comité international – qui avaient été adressés par courrier au Comité franco-belge, qui les transmettra au gouvernement français. Le message d'Emile Valley porte la date du 9 mai 1945 ; celui de Jean Bénech, non daté, est-il du même jour ?

Valley souligne que la situation d'hommes libres des anciens détenus n'a malheureusement pas changé l'état sanitaire du camp. La liberté ne leur a pas permis de prendre un kilo, la vermine toujours aussi tenace laisse les nuits sans sommeil. Ces hommes à bout de force supportent mal l'idée et la déception d'un rapatriement qui ne se ferait que d'ici « *quatre à cinq semaines* ». Il insiste :

« *Si nous comprenons toutes les difficultés qui peuvent exister, nous voudrions que l'on sache, que vous sachiez aussi que chaque jour gagné ce sont des Français qui sont sauvés, ce sont des Français qui vivront. Nous voudrions que vous sachiez aussi que notre effectif d'il y a huit jours n'est plus celui d'hier, ne sera pas, hélas, celui de demain* ».

Jean Bénech décrit une situation absolument dramatique dans ce *block* 7 dont il a la charge :

1- au point de vue de l'hygiène

- Le manque d'eau qui entraîne un véritable désastre, les malades sont « répugnants » de saleté, les gamelles mal lavées, les WC impossibles à maintenir en bon état de propreté.

- Non seulement les planchers ne peuvent être lavés mais également les diarrhéiques qui se souillent dans leur lit.

- L'évacuation des WC ne se faisant pas, le contenu des conduites se répand dans la cour devant le block *et les malades piétinent dans une boue faite de matière fécale, l'air est irrespirable.*

- Les WC intérieurs ne peuvent être nettoyés. Le personnel est insuffisant pour permettre l'évacuation des tinettes et leur nettoyage. Les malades là aussi piétinent dans la saleté, ils souillent lits et couvertures.

Le personnel du block *ne peut être tenu dans un état de propreté notamment pour la distribution et la répartition des vivres, dans ces conditions toutes les maladies gastro-intestinales ne peuvent qu'augmenter : typhoïde, diarrhée indéterminée, il en résulte que les malades s'infectent et se réinfectent, que la morbidité et la mortalité s'accroissent chez des sujets de plus en plus faibles. Il importe de remédier au plus tôt à ces conditions matérielles qui aggravent l'état de nos malades.*

2- La situation du personnel

Le personnel d'apparence solide s'affaiblit très vite pour des raisons bien compréhensibles. Il faut augmenter le nombre de personnel, former des infirmiers, les malades demandent des soins de propreté de plus en plus souvent.

3- Les malades

Les hommes sont épuisés, déprimés par la maladie ; ils n'ont plus aucun ressort, revenus à un état enfantin, sans aucun contrôle, c'est une situation lamentable.

Ils couchent les uns sur les autres nus ou en caleçons ou chemises souillés de matière fécale qu'ils portent depuis plus d'un mois. La situation médicale ne peut qu'empirer et les soins les plus assidus ne peuvent avoir que peu d'effets.

La situation en médicaments s'est améliorée depuis l'arrivée de l'armée américaine, mais l'état des hommes confiés et la situation matérielle épouvantable ne permettent pas de répondre du devenir des malades.

4- La nourriture

Ces malades qui avaient été soumis à un régime que l'on peut qualifier d'assassinat ont vu très vite, trop vite leur régime s'améliorer. Ils se sont jetés sur la nourriture et s'en sont lassés tout aussi vite. Ils ont présenté des troubles digestifs parfois très graves.

Jean Bénech estime qu'il faut alléger cette nourriture (trop de farineux), qu'il faudrait à chaque homme deux litres de liquide par jour. Il souligne la nécessité d'un apport vitaminique intensif. Il ajoute qu'une rééducation morale des détenus doit être entreprise avant le retour :

« *Je me permets d'insister. Leur déchéance intellectuelle étant pour moi un sujet d'angoisse plus grand même que leur déchéance physique.*

Personnellement, je peux vous assurer, Monsieur le Président [du Comité franco-belge], que tout le personnel qui m'entoure, médecins, infirmiers, travailleurs volontaires, quel que soit leur emploi, font l'impossible pour assurer leur travail au mieux de l'intérêt de ces tristes rescapés qui malheureusement ne sont pas encore sauvés ».

Je peux à présent en venir effectivement à ce qui fut pour moi la découverte cardinale, sans laquelle l'enquête que j'ai entreprise m'aurait conduite à une sensation d'échec, au point que certainement je m'en serais détournée. J'ignore tout des formes que dut prendre l'insistance d'Emile Valley, mais je rends grâce à sa force de persuasion ! Mon père, qui en toute autre occasion s'est refusé à quelque récit rétrospectif que ce fût, a donné pour le numéro de juillet 1954 du Bulletin de l'Amicale de Mauthausen un très long article, riche d'informations factuelles, sur la situation au camp les dernières semaines et jusqu'aux derniers rapatriements, sur son activité au *Revier* et ses initiatives auprès des autorités sur place et à Paris, mais riche aussi – et, de mon point de vue, surtout – de surprenantes réflexions rétrospectives, qui attestent éloquemment que le camp était partie constitutive de sa sensibilité et de son intellect, bien au-delà de ce qu'il en laissait paraître. Voici ce texte :

LE **REVIER** *(INFIRMERIE)*

à la Libération du camp d'extermination de Mauthausen
par le Docteur Jean BENECH

« *Je m'étais promis de ne jamais écrire sur les abominations et les cruautés voulues d'un camp de déportés politiques où j'avais vu souffrir et mourir les hommes de la Résistance, cette Résistance qu'on oublie et que l'on bafoue.*

J'ai cédé à l'appel du camarade Valley, car c'est pour moi l'hommage à rendre à nos morts, morts là-bas ou morts après leur retour comme, entre autres, mes camarades Peissel, de Lyon, ou Vivier, de Paris, ou encore mon chef de réseau, le courageux Guivante de Saint Gast, mort lui aussi il y a un an des suites de son séjour à Mauthausen, ou comme ceux de Nancy, comme Jardel et Denauds.

Et bien d'autres encore ! J'en appelle à notre ami Bergier, que nous cachâmes dans ce fameux block *5, à mon ami Vitches, qui vient encore bavarder avec moi, et encore à Freyre, qui bouillonne dans l'écœurement des jours présents, et à Engel, un des médecins français du* block *5.*

La vie au Revier *était une vie d'isolement où les nouvelles arrivaient mal, complètement déformées, malgré la solidarité qui existait entre nous.*

Depuis le début de mars 1945, nous savions que l'ennemi n'était plus à son aise – surtout depuis l'offensive manquée sur Arlon. Nous n'ignorions pas l'avance de nos camarades russes sur Saint-Polten et nous suivions, comme nous le pouvions, l'avance de nos camarades américains autour de Linz.

*Déjà nous avions reçu de la baraque 7 (*Isolier-Block*) dont les détenus n'avaient pas le droit de communiquer avec les autres* blocks, *les malheureux Israélites expédiés d'Auschwitz, vers février 1945. Ils arrivèrent ou morts ou en partie gelés, dans les wagons à claire-voie après peut-être dix jours de voyage, par un froid de –20°, sans nourriture ni couverture. Ce fut affreux. Ils moururent en grand nombre dans la suite. Ils furent entassés, les uns sur les autres, pêle-mêle. Nous les secourûmes comme nous pûmes.*

Puis (je ne saurais préciser les dates), les événements s'accélérèrent ; le repli du kommando *de Mauthausen-Melk, dont nous recevions les éclopés, de même que nous avions reçu les blessés d'une gare importante, bombardée, Amstetten, où nos camarades travaillaient à refaire les voies.*

Les événements s'accéléraient : ainsi arrivèrent à Mauthausen, évacuées de Ravensbrück, environ huit cents femmes de la Résistance. Elles furent d'abord placées dans les blocks *16, 17,18, ensuite cantonnées près des célèbres carrières où tant des nôtres moururent. Ainsi, je me rappelle Jacqueline Richet, qui devait épouser par la suite notre camarade Souchère, puis aussi une fille qui devait rentrer dans mon service à Lyon, quand je fus arrêté, Mademoiselle le docteur Streisguth ; elle est devenue directeur départemental de la Santé. Je ne pus aller les voir. Je pouvais travailler à soigner les malades, mais je me sentais incapable de remonter les cent quatre-vingt-six marches séparant la carrière de l'infirmerie.*

Nous vîmes aussi arriver les échappés nazis de Vienne, fuyant devant la poussée des Russes. Ce fut ahurissant : les somptueuses voitures S.S, occupées par les femmes des nazis, couvertes de douillets manteaux de fourrure. Il ne nous parvenait que des récits transmis de bouche en bouche. Les Nazis fuyaient. Nous vîmes aussi arriver sur le terrain de football des S.S, les magnifiques pompes à incendies des villes repliées. Mauthausen était devenu un refuge de fuyards. Plus tard je vis les abords du camp. On a critiqué nos replis et nos fuites de 1940, mais que ce fut petite chose à côté de la débâcle allemande ; tout est toujours grand chez eux et au-dessus de tout.

Inutile de marquer la nervosité des affamés dont les rations diminuaient. L'anarchie de la faim grandissait et les morts se faisaient plus nombreux tous les jours.

C'était aussi le moment, suivant les bruits qui couraient, où Himmler avait envoyé un ordre prescrivant qu'aucun détenu ne devait tomber vivant dans les mains ennemies. Effectivement, sous prétexte de l'installation d'une « infirmerie modèle » au grand camp, partirent les blessés et malades graves. Nous avons su plus tard ce qu'il en advint. Ils furent simplement exécutés.

Entre temps, à peu près vers le 20 avril, peut-être le 22, les médecins français furent avisés sur un mot d'ordre semi-clandestin de se réunir à la baraque 6. A mon grand étonnement, au milieu de tout ce désarroi, il fut annoncé que les médecins français, par les soins de la Croix-Rouge internationale, allaient être emmenés en Suisse. Si j'en ai bien le souvenir, c'est le bon et toujours compatissant docteur Chanel qui fit l'annonce. Ils seraient emmenés en même temps que les femmes venues de Ravensbrück, ainsi d'ailleurs que d'autres Français.

A la réunion, je ne laissai, après information, personne prendre la parole, et je dis simplement : « Je suis le plus vieux, de plus je suis toujours inspecteur de la Santé, représentant le ministre de la Santé ; je resterai pour assurer les soins des malades du Revier, *votre devoir est de gagner la Suisse. »*

*Le lendemain matin, mes camarades gagnaient le grand camp. Je restais à l'*Isolier-Block *avec un jeune étudiant en médecine lyonnais, Michel.*

Les cuisines étaient défaillantes ; plus rien et toujours la garde armée dans les miradors – les dures disciplines se relâchèrent – et, ce qui était grave, les morts s'accumulaient près des baraques, puis quelques corvées les entassèrent en un tas épouvantable, peut-être cinq cents, peut-être mille dans le milieu du Revier, *à sécher sous le chaud soleil des hauteurs de Mauthausen d'où nous voyions l'éclatement des obus entre Linz et Mauthausen.*

Il n'y avait presque plus d'eau, les tinettes mobiles n'étaient plus vidées. Les cabinets, c'est-à-dire les longues planches sur une fosse, ne recevaient plus d'eau. Une amenée d'eau venue de je ne sais où avait entraîné les immondices, on barbotait les pieds nus dans les saletés de toutes sortes. Je ne savais que faire (les haines accumulées entre nationalités, favorisées par rapport aux Français, amenaient des conflits et ce furent les camarades espagnols qui furent les plus aimables, je ne dis rien des Belges ou des Luxembourgeois car, question frontières à part, je les mets dans le même sac, avec nous Français).

Les Espagnols nous avaient en défiance et à juste titre, après les histoires malheureuses de 1938 et 1939. Longtemps avant la libération du camp, ces Espagnols qui furent décimés par les Allemands forcèrent notre admiration par leur courage et leur noblesse. Ils se méfiaient des Français. L'un d'eux, médecin, apparenté proche à une toison d'Or, m'avait fait comprendre la pleutrerie française de 1938. Après six mois de contact, il était devenu ami. Je travaillais pour notre grandeur. Cela me rappelait ma vie sur les « frontières », un passage clandestin d'un jour avec ma femme à Fontarabie – nous étions en pèlerinage à Lourdes – car la frontière était fermée.

Il est peut-être oiseux de raconter ces histoires, mais il faut faire comprendre le « cocktail » dur de Mauthausen.

Petit à petit arrivait le 5 mai 1945.

Nous avions vu arriver les fugitifs nazis de Vienne – une belle débâcle. Depuis quelque temps, les nazis avaient fait distribuer des colis de la Croix-Rouge, cachés et dissimulés depuis longtemps, alors que les déportés mouraient de faim. Les faits nouveaux s'entrecroisaient, l'atmosphère du camp était lourde – le temps magnifique mais l'anxiété était croissante – les vivres (si toutefois on pouvait appeler cela des vivres) manquaient et l'eau devenait de plus en plus rare.

***

Le 5 mai, la belle aventure débuta pour avoir sa réalisation totale le 7 mai 1945.

Vers le milieu de la journée, alors que nous regardions vers le Danube, sur Linz, les éclatements des obus, nous fûmes surpris d'entendre un roulement bien caractéristique, celui des chenilles.

J'étais alors avec un officier de la Légion étrangère, Polonais d'origine, homme de grande valeur et dont je m'excuse de ne plus me rappeler le nom. Nous nous sommes regardés et, j'avoue, j'ai eu peur. La bataille de Linz allait-elle se continuer sur les hauteurs de Mauthausen ?

Et, choc inouï, valable seulement par l'état d'inanition et de petit délire mental, je me rappelle que je citai les vers de José-Maria de Heredia :

Hannibal écoutait pensif et triomphant
Le piétinement sourd des légions en marche. (*La Trébia*)

Et cet officier français d'origine polonaise eut un bon sourire.

Et tout à coup, nous vîmes sur la route qui contournait le Revier *pour monter au grand camp, une voiture blanche – du même aspect que celle du camarade suisse qui était venue chercher les femmes de Ravensbrück et les ramener en Suisse.*

Cette voiture montait lentement, à l'avant était accroché un immense drapeau blanc et derrière suivaient deux voitures-chenilles américaines avec mitrailleuses, canons et tout le personnel servant.

Ce fut la ruée des infirmes et des malades vers les barbelés, certains se traînant à quatre pattes vers eux, alors que les gardiens des miradors apprêtaient leurs armes. La minute fut tragique.

Dix minutes après, les gardes-chiourme descendaient des miradors sous les huées. Quelques-uns subirent le sort qu'ils avaient mérité, d'autres furent conduits au Bunker.

Hélas ! Deux heures après, les automitrailleuses américaines repartaient, laissant le camp livré à lui-même et sous la menace du retour des S.S, qui étaient rassemblés dans l'île du Danube à Mauthausen, sous les ordres de Bachmayer, commandant du camp.

En accord avec le Comité international de résistance du camp, des malades valides du Revier *furent armés pour se protéger contre un retour offensif des S.S. échappés et d'une population environnante douteuse. Certains franchirent les barbelés détruits très vite, pour chercher à manger dans les fermes avoisinantes, à 500 ou 600 mètres du* Revier *et tenues par les familles S.S. qui avaient fui. Il n'y avait plus rien, malgré les recherches faites par nos camarades espagnols, les plus anciens internés survivants des brigades internationales.*

La situation était tragique même pour des gens habitués à ne rien manger, l'eau manquait totalement.

Les morts, sortis des baraques, s'entassaient les uns sur les autres. Ils séchaient au soleil. Un peu de peau sur beaucoup d'os.

Il n'était plus possible de maintenir le moindre semblant de propreté.

La joie de la libération ne permettait même plus de protection des malades.

C'était magnifique et affreux !

Pendant deux jours, les sections de combattants formées par le Comité de résistance du camp essuyèrent les escarmouches des S.S. Hélas ! Dans ces combats six camarades furent blessés et nous eûmes à déplorer la mort d'un camarade espagnol.

Le 7 mai constitue la vraie libération du camp, les troupes américaines vinrent en nombre s'installer au grand camp.

Sur la demande du Comité international, les déportés furent groupés par nationalité.

La baraque 7 au Revier *perdit sa pancarte* Isolier-Block. *Un drapeau fait de chiffons bleu, blanc, rouge y fut accroché et tous les Français du* Revier *furent amenés à cette baraque ; y vinrent les Belges, les Luxembourgeois, les quelques Espagnols et les quelques Italiens.*

Le drame commença : celui de mes frères d'armes exténués, à la dernière extrémité et que je voulus à tout prix faire vivre pour qu'ils rentrent en France. Je savais que leur état physique était mauvais, quoique les Américains nous aient donné ce qu'ils avaient dans leurs formations de l'avant comme médicaments. Cela ne suffisait pas.

(Je perdais des amis qui auraient pu être sauvés deux mois plus tôt : Recanati, jeune élève préparant Normale supérieure; Perle et bien d'autres)

Je demandai du renfort au Comité national français du camp, présidé par Emile Valley (qui avait succédé au Père Jacques, très malade) et dont les membres étaient : Fernand Alby, ajusteur, pasteur Buchsewschutz, Moïse Dufour, employé des Mines, Ange Gaudin, lieutenant de vaisseau, Roger Heim, directeur du Muséum, Octave Merlinge, colonel intendant, Maurice Passard, métallurgiste, Jean Pessel, docteur. Pour les Belges, le colonel Lavry.

A partir de ce jour, chaque matin, des camarades, sous la direction de notre camarade Le Maout, descendaient au camp central pour porter aide et réconfort à nos malheureux camarades malades.

Le Comité national français était installé dans le « bordel du camp !!! » où des femmes détenues de droit commun (qui acceptaient ce métier pour remise de peine) admettaient pour un ticket, de passer dix minutes avec certains individus favorisés des S.S.

J'ai vu beaucoup de choses dans ma vie. J'ai été un des spécialistes de la lutte anti-vénérienne et de tout ce qui gravite autour de celle-ci, mais je ne croyais pas que j'aurais vu une pareille histoire.

Un jour, amené de piquet au grand camp, j'étais resté deux heures « au garde-à-vous » immobile et j'avais vu la « Puff Mutter *» promener ses volontaires hitlériennes. J'ai compris dans la suite, après la victoire, ce qu'était l'histoire des femmes, animaux de reproduction allemande de Berchtesgaden.*

Si dans les premiers jours, le ravitaillement n'avait pas été suivi, il n'en fut pas de même dans la suite ! Les Américains nous apportaient maintenant les soupes grasses de margarine chargées en viande de conserve. J'avais peur de cette alimentation en surcharge. J'essayais de réduire les quantités, de supprimer la moitié des marmites.

Ventre affamé n'a point d'oreilles. J'ai dû m'attirer des haines mais que m'importe, puisque ces « haines », je l'espère, sont encore vivantes. Il fallait empêcher de manger trop et trop vite. La vie continuait mais les morts aussi continuaient.

Je reste convaincu que nos amis américains n'avaient pas tout à fait réalisé la situation.

Ils nous donnèrent ce qu'il faut pour tenter de sauver nos camarades mourants (sérum physiologique, sérum glucosé). Nos réussites furent « minables », tous ces moyens arrivaient trop tard. Nous souhaitions la réalisation rapide de l'évacuation de ce camp vers la France ou vers Constance, en Suisse. Nous étions toujours isolés sévèrement dans le Revier. *Les Américains, stricts observateurs des règles sanitaires, nous considéraient comme sanitairement dangereux et nous fûmes gardés comme au temps des « boches ». A juste titre, ils nous couvrirent de poudre insecticide. Ils étaient horrifiés de notre situation. Je les ai vus pleurer en voyant nos malades. Ils les photographiaient et l'un d'eux parlant couramment le français, me disait : « Que vous faut-il ?*

Nous n'en croyons pas nos yeux. » Ils photographiaient les malades, les squelettes vivants et ne comprenaient pas.

Quand les Américains virent les cinq cents à mille cadavres entassés les uns sur les autres, desséchant au beau soleil de mai, ils eurent un haut-le-cœur et une poussée de révolte.

Ils firent venir leur charrue à tranchées et sur le terrain de football des S.S. firent creuser de longues tranchées après avoir jeté dans un ravin le matériel allemand abandonné.

Les Américains ramassèrent la plus grande partie de la population du village de Mauthausen et l'obligèrent à prendre les cadavres et à les porter d'une façon décente dans les tranchées creusées pour les enterrer.

Les chapelains de toutes les religions de l'armée américaine dirent des prières.

Le plus grave – et le fait reste grave – c'est que les habitants de Mauthausen prétendirent qu'ils ignoraient tout et pourtant les S.S. du camp allaient tous les jours dans les « bistrots » de Mauthausen ! C'était une fois de plus l'expression de la duplicité allemande, « dire que nous étions en Autriche, chez un peuple de grande culture, doux et aimable d'habitude ! ».

J'avoue en avoir été surpris.

Entre temps, les ambulances américaines s'étaient installées dans le voisinage et recueillaient nos malades.

Tous nos malades étaient ainsi évacués sur les ambulances américaines dès le 18 mai et nous avions fait notre devoir jusqu'au bout.

Le 18 mai, dans l'après-midi, nous fûmes avertis que nous pourrions à notre tour être ramenés en France.

Tous les malades français dorénavant en sécurité et remis aux hôpitaux de campagne américains.

Je me traînai au grand camp (je n'ai pas d'autre expression que me « traîner ») Je grimpai dans un camion américain en partance pour Enns et le lendemain pour Linz, d'où l'on fut ramené en France par avion.

C'est là que Valley nous répartit en groupes. Je ne veux pas parler de Linz, ce camp suspect de typhus.

J'avais mon honneur sauf : être resté pour faire un petit quelque chose.

Où j'ai le plus souffert, ce n'est pas à la prison de Montluc à Lyon, ce n'est pas à Mauthausen, à Melk ni à Linz, c'est à mon retour en France, quand la plupart des gens (encore maintenant) nient la cruauté des Allemands dans les camps d'extermination et prétendent que nous avons exagéré.

Nous avons fait notre devoir de Français. Les politiques peuvent différer, mais la cruauté traditionnelle ne disparaît pas avec une « gomme à effacer » diplomatique.

Docteur Jean BENECH
Matricule 59 555

Je n'oublierai pas le choc que j'ai reçu à la vision, puis à la lecture de cet article. Comme une lourde armoire lorraine reçue sur la tête. J'en avais découvert, à ma grande perplexité, des fragments cités par l'ancien déporté Paul Le Caër, dans son *Album Mémorial* (2000) et par Christian Bernadac dans *La libération des camps. Le dernier jour de notre mort* (1995). Bien sûr, je m'étais mise en quête du texte original – peut-être une lettre ? –, longtemps en vain.

En 1954, j'étais une adulte mariée, attendant un premier enfant, je vivais à Maxéville, sous le même toit que mon père, qui n'avait rien laissé paraître de ce travail : pas un mot, pas une allusion. Nous étions si proches, nous nous parlions si peu : nos silences étaient-ils de connivence ou de distance ? Je ne sais aller derrière le rideau qu'à l'aide de mon intuition, jamais en fonçant dans le décor, en manifestant une curiosité dont j'aurais bien trop peur qu'elle ne soit ressentie comme une violence, une maladresse.

Bienséance, délicatesse éthique, pathologie secrète : de quelle nature était en lui le silence sur le camp, tellement enfoui dans le jardin secret de sa vie ? L'article de 1954, destiné d'abord à ses camarades du camp et, au-delà, à des inconnus anonymes, ne pouvait avoir pour objectif de meurtrir, mais de réarmer les certitudes des premiers, d'éduquer à une vigilance active les seconds. Mais pour lui-même, quel avait été l'effort ou la nécessité ? N'avait-il fait, comme il l'écrivait d'entrée, que « *céder* » aux sollicitations ? En avait-il pris prétexte pour régler des comptes avec une promesse intenable qu'il s'était fait, et qu'il mentionne aussi en commençant ? Lui qui toujours se refusait à des démonstrations d'émotion, je l'ai connu pourtant, plus que tout autre, habité par les affects : se dérobant à la parole, trop perméable à l'émotion, il avait écrit, livrant un texte scandé par la violence des sentiments.

Je me retrouvais ainsi l'archéologue de la vie de Jean Bénech. *Sans pitié*, soit : seulement par déontologie. *Sans repos, sans remords* : où ces mots se seraient-ils emplis de signification davantage qu'au sortir de Mauthausen, dans la position qu'il y avait assumée ?

En tant que médecin, sa souffrance de témoin aux mains trempées physiquement et moralement dans l'immonde est inconnaissable. Elle devint, au fil des ans, de plus en plus insurmontable, aboutissant à ce que le professeur Gilbert Dreyfus appelle la « *dépression tardive des déportés* ».

Une réunion préparatoire à la conférence internationale de Copenhague sur la pathologie des anciens Déportés et Internés s'est tenue à Paris le 31 janvier 1954. Les conclusions en sont édifiantes :

« *Le régime nazi dans sa monstrueuse conception et réalisation des camps d'extermination avait pour but l'anéantissement massif et systématique de millions d'êtres humains par la déchéance physique et psychique.*

Par les facteurs mécaniques : surmenage physique intensif, privation du sommeil, absence de nourriture, exploitation du corps humain sous les intempéries, vêtements, baraquements et châlits indignes d'êtres humains, et même d'animaux...

Par les facteurs psychologiques : recherche méthodique de l'avilissement de la personne humaine par la férocité du mode d'existence, la dégradation et la souffrance morale. Les exécutions, les meurtres, les coups, les supplices et sévices, sans compter les expériences scientifiques, toutes les conditions sont réunies pour créer une morbidité spéciale, un état de désadaptation qui, plusieurs années après leur libération, pèse sur le devenir d'un grand nombre de déportés ».

Gilbert-Dreyfus, en qualité de président de l'Amicale de Mauthausen, fait en décembre 1953, puis en juillet 1954, des communications sur les « *Conséquences de la déportation* ». Il rapporte les travaux des « *Causeries médicales* » qui avaient eu lieu à Paris le 15 mai 1954, sous le titre « *Vue d'ensemble sur les séquelles de la déportation* ». A la question : existe-t-il une pathologie des déportés ? Sa réponse est :

« *Il y a bien une maladie concentrationnaire, dont, sans exception, tout déporté a souffert à des degrés divers. Quelque polymorphes qu'apparaissent ces séquelles, on peut affirmer qu'aucun de nous n'est sorti indemne des camps de concentration* ».

Préservé, autant que ce pût être en pareil lieu de pouvoir tyrannique et délirant, mais subissant l'agression terrible du spectacle de la misère physiologique des patients ses camarades déportés et sans moyen que dérisoire d'y remédier, exerçant son art dans des conditions sanitaires épouvantables, le médecin déporté n'a d'autre façon de tenir qu'en dispensant, clandestinement, des signes d'humanité. Seule source d'énergie accessible, seul ressort de sa propre survie : la révolte muette contre l'entreprise de déshumanisation dont son poste de travail lui livrait à chaque instant les victimes et lui dévoilait les rouages les plus cyniques.

Il a enfoui et conservé en lui certaines images particulièrement atroces, qu'il lui est arrivé d'évoquer : l'arrivée des Tsiganes et des Juives hongroises en provenance du camp d'Auschwitz ; ou, après l'arrivée des Américains, les coups de poing donnés pour empêcher les affamés de se précipiter sur la nourriture trop riche qu'on leur offrait et qui entraîna la mort de beaucoup. Il montrait et regardait bizarrement ses mains lorsqu'il en parlait, avec cette espèce de sourire de dérision qui accompagnait chez lui les souvenirs douloureux.

La nourriture, une réalité tellement importante... ! Il n'est pas un enfant de déporté revenu qui n'ait été marqué par une relation particulière à la nourriture. Chez nous, c'était sa colère, l'énervement qui le prenait devant une assiette trop remplie : « *Tu ne reviens pas de la charrue !* ». Il ne supportait pas que l'on se précipite sur son assiette et, parfois, nous avions droit à : « *Tout ce que l'on donne à son estomac, on l'enlève à son esprit* ». Nous ne comprenions pas, et comme souvent, je ne voyais en lui qu'un père terriblement difficile à vivre. Quel silence pendant ces repas, qui ne sont jamais redevenus tout à fait sereins et normaux, comme si le fait de se retrouver à table le ramenait au camp ! Cela, jusqu'à la fin de sa vie. Un temps, il fut saisi de la bizarre exigence de redevenir aussi maigre qu'à son retour : il s'imposa un régime draconien. Son vieux copain d'internat Vigneul eut beaucoup de peine à le faire renoncer à cette folie. Je me souviens qu'à court d'argument, il eut cette formule loufoque : « *Tu as une langue aussi chargée que celle d'une vache épileptique* ». La scène eut lieu à Maxéville, après que mon père eut pris sa retraite. En même temps, bien avant d'avoir atteint le grand âge, il avait cette gourmandise des personnes âgées qui les font ressembler à de vieux chats devant une soucoupe de lait.

Cette vieillesse prématurée et perturbée, nous sommes un certain nombre, au-delà même de la souffrance éprouvée sur le moment, à ne pas pouvoir l'oublier, à ne pas la pardonner, disons, au destin. Que de conséquences ! Quel gâchis !

PARIS - NANCY

L'hôtel Lutetia, palace de la rive gauche, réquisitionné d'avril à août 1945, sur l'ordre du général de Gaulle, pour y accueillir les déportés, est le passage obligé pour ceux qui reviennent des camps nazis. Les familles y viennent guetter, avec angoisse, le retour de ceux qui rentrent, attendre ceux qui ne rentrent pas. C'est là que chacun, chacune, demande si quelqu'un a vu le parent ou l'ami que l'on cherche – avec au fond du cœur un mélange d'immense espoir et la peur d'une immense déception – celui ou celle dont on ne reconnaîtra qu'à peine les corps et les visages rendus méconnaissables par tant de souffrance. C'est là que, de jour en jour, bien des espoirs s'amenuisent dans une attente de plus en plus vaine.

C'est là que, comme tous les déportés rapatriés, mon père est revenu. Personne ne l'y attendait. Il est passé par les formalités et interrogatoires d'usage, répertorié n°30302, ligne 556 du registre des arrivées.

La Fédération nationale des centres d'entraide des Internés et Déportés politiques indique le 21 mai comme date de son retour à Lyon.

La carte de rapatrié délivrée par le ministère des Prisonniers et Déportés porte « *vu* » le 20 mai 1945 au Lutetia, en dessous du cachet « *santé* ». Un reçu, également daté du 20 mai, précise que lui a été remise la somme de mille francs, un colis comprenant pull, chaussettes, chemise, caleçon, du savon et quatre-vingts grammes de tabac. Ainsi que des tickets d'alimentation, pour dix jours, à ce que je comprends. A reçu également une fiche de transport : gare de départ Paris-Lyon, 8 h 20, le 20 mai 1945, il a pris le train le lendemain matin, le 21, pour Lyon, 134 rue Sully.

Il n'y a trouvé ni femme ni fille puisque nous étions en route depuis Maxéville où était arrivé le télégramme du ministère de la Santé nous annonçant son retour.

A la lecture d'une lettre de ma mère datée du 23 janvier 1945, adressée au ministère, on peut comprendre la raison de notre départ chez ma grand-mère Bénech, à Maxéville. Maman avait de gros problèmes d'argent, devait faire face au paiement d'un loyer, une école privée pour deux, quatre bouches à nourrir, la vie, même sans marché noir, était très chère, bien que notre alimentation fût mesurée chichement, soumise au régime très restrictif des cartes d'alimentation. Au retour des déportés, nous avions la pudeur de ne pas dire que nous avions eu faim, et pourtant…

Cette lettre est très explicite sur notre situation familiale et financière, problème qui pesait sur les seules épaules de maman depuis le 20 décembre 1943, d'où l'angoisse dans laquelle elle se trouvait d'être dans l'incapacité d'assumer toutes les charges qui lui incombaient en ce début d'année 1945. Si le traitement de mon père a bien été versé du 20 décembre 1943 au 25 mai 1945, les prestations de la faculté de médecine pour les cours et les conférences n'avaient plus lieu d'être, évidemment. Elle rappelle les conséquences matérielles des services rendus : les termes, la table, même frugale, ouverte aux *passagers* de Londres, l'appartement confié à des résistants pendant que nous étions réfugiées à Liergues, les dégâts occasionnés et dont les frais de réparation n'étaient pas encore réglés, etc. Maman conclut ainsi : « *Je suis navrée de vous parler de ces soucis matériels qui s'ajoutent à mon chagrin, à l'angoisse que me cause l'ignorance de l'état de mon mari* ».

C'est pendant cette période que maman a vendu, entre autres, le lustre en Venise, ancien, avec ses plumes et ses tulipes laiteuses, soulignées de dorure, et l'étude en bronze par Rodin de la tête d'un des bourgeois de Calais, celui qui est à côté du groupe avec une corde autour du cou, deux objets que j'adorais. Nous avons gardé, les parents ou moi, l'habitude de beaucoup, beaucoup vendre, encore heureux que nous ayons eu de quoi disposer et la possibilité de le faire. Mon père, maman et moi avons toujours considéré que le bien-être de tous les jours était beaucoup plus important que le désir de conserver meubles, tableaux ou objets, quel que fût le goût que nous en avions.

Pauvre maman : finalement nous nous sommes donc retrouvées, plus longtemps que prévu, par mesure d'économie, toutes les deux chez ma grand-mère Bénech à Maxéville.

Ce séjour à Maxéville m'a laissé et me laisse encore une impression de mauvais rêve, de grave, très profonde tristesse. Ma mère, sans être vraiment dépressive, était angoissée, découragée ; je la revois couchée dans l'horrible chambre dite rouge, sans grande luminosité, la fenêtre donnant sur la petite cour. J'ai des photos de moi dans le salon qui montrent une encore petite fille trop sage, et tellement triste – pour un peu, l'image conventionnelle de la pauvre orpheline perdue au milieu du vieux manoir hanté...

Ma grand-mère Bénech, sûrement bouleversée, ne montra, comme à son habitude, qu'un grand autoritarisme décuplé par un sentiment, enfin assouvi, d'utilité et de responsabilité vis-à-vis de la femme de son fils et de *sa* petite-fille.

La notation annuelle du ministère de janvier 1943 était rédigée ainsi : « *Arrivé depuis peu dans le département, produit une excellente impression. Actif énergique, travailleur, très au courant de toutes parties techniques et administratives de son service, le Docteur Jean Bénech est un collaborateur de premier plan. Il nous paraît apte aux fonctions de Directeur Régional* » – mais il a été arrêté et déporté… Il n'a donc pas pu être nommé à ce poste, d'où une instabilité de fonction jusqu'à sa nomination au poste d'Inspection divisionnaire de la santé à Nancy en 1948.

Une note du ministère datée du 28 décembre 1944 rédigée par monsieur Nermond, du secrétariat général, prenant en compte la notation de janvier 1943, désigne le profil du poste qui devait être dévolu à Jean Bénech : « *Prendre note de la candidature au poste de directeur régional du docteur Bénech, actuellement inspecteur départemental et déporté en Allemagne* ». Monsieur Cavaillon, secrétaire général au ministère de la Santé répond à cette requête de décembre 1944, le 19 mars 1945 qu'il : « *étudie la requête avec le plus grand soin et souhaite que Jean Bénech revienne bientôt en bonne santé reprendre sa place dans mon administration* ».

Le cabinet du ministre s'adresse au directeur du personnel du ministère le 17 mai 1945 : « *Le Docteur Boulangier, directeur régional à Nancy, a fait connaître téléphoniquement au bureau du Cabinet, le 4 mai, que le Docteur Bénech, Inspecteur de la santé du Rhône, qui avait été déporté politique en Allemagne, était signalé comme devant arriver à une date très proche à l'aéroport du Bourget. Le docteur Boulangier demande qu'on prévienne le docteur Bénech dès son arrivée que sa femme est actuellement à Maxéville près de Nancy* ».

Apparemment ce télégramme n'a pas atteint son destinataire, ou bien mon père n'en a pas tenu compte.

Après notre coup de sonnette, 134 rue Sully, lorsque la porte s'est ouverte, la vision qui m'est restée est celle d'une entrée pleine de gens très agités, ce qui était évidemment dû à l'intensité psychologique des retrouvailles : mon père, vedette souriante, la *petite grand-mère* toujours trottinant et sautillant, nous avons, maman et moi, sur le coup oublié la complication du voyage effectué.

Je suis retournée en classe chez les Dames de Nazareth pour la troisième partie de ma première sixième : ma dixième entrée en cours d'année, si je ne me trompe pas dans mes calculs !

Dès le retour de mon père, son comportement, sans être manifestement anormal, a tout de même souvent perturbé l'atmosphère familiale, son état de santé bien fragile a entraîné de nombreux arrêts de travail, conséquences de dix-huit mois d'internement et de déportation.

Les différentes notes du ministère de la Santé concernant ces arrêts de travail de mon père ne sont pas très indulgentes : apparemment les arcanes du ministère ne savaient pas « *que les années de déportation comptent quadruple, que les séquelles se montrent beaucoup plus sévères chez les sujets ayant dépassé les bornes de la jeunesse* » et qu'il existait bien, selon les conclusions claires et incontournables du professeur Gilbert Dreyfus, déjà citées, une « *pathologie des déportés* ».

En mars 1945, soit quelque deux mois et demi avant la libération de Mauthausen, un courrier du professeur Sédaillan, directeur régional de la Santé à Lyon, parvenait à la direction du personnel du ministère de la Santé, rue de Tilsitt. Il y faisait d'abord l'éloge de mon père, sur le plan professionnel (actif, intelligent...), évoquait la sympathie des milieux médicaux, les relations cordiales avec la faculté, rappelait que mon père avait été prévu par les milieux de la résistance pour le poste de directeur régional de la Santé à Lyon, mais son arrestation par la Gestapo l'avait empêché d'occuper ce poste, comme je l'ai dit.

Le poste étant occupé, un décret du 15 juin 1945, soit trois semaines après son retour, nommait le docteur Jean Bénech au poste d'inspecteur régional adjoint de la Santé et de l'Assistance à Poitiers. Il y partit immédiatement – une reprise de fonction bien rapide !

Nous l'y avons retrouvé le 14 juillet, date des vacances scolaires. Il était alors un père actif et très présent.

Une fois de plus – sans doute s'en était-il occupé, car je n'ai pas le souvenir d'être restée seule à Lyon – nous avons pu habiter une belle maison meublée, près du parc de Blossac. Beau quartier, mais hélas, comme tout Poitiers, infesté de rats, qui avaient été dérangés par les bombardements. Ces énormes bestioles étaient remontées du Clain, la rivière toute proche de la maison, qui longe le parc. Les rats auraient dû nous être insupportables, mais après toutes ces années de difficultés surmontées, bien pires que celle-ci, leur présence semblait dans l'ordre des choses. Nous nous promenions avec des couvercles de boîtes de conserve, clous et marteau, nous bouchions au fur et à mesure les trous que les rats avaient faits dans le plancher. On les voyait la nuit dévaler la rampe d'escalier, on déposait le ravitaillement sur la table de la cuisine et, avant qu'on ait eu le temps de ranger, un rat s'en était occupé. Je me souviens, entre autres, d'un chou-fleur emporté le temps de se retourner !

Après une opération de l'appendicite, je faisais une sieste dans le salon où il y avait un piano noir droit muni d'un protège-touche. Lorsque je me suis réveillée, une partie du feutre dépassait du sol : les rats étaient venus l'enfoncer entre deux lattes du plancher pour faire leur nid.

Hormis le dégoût très raisonné qu'ils nous inspiraient, nous n'avions pas peur. Nous ne ressentions même pas de véritable répulsion, mais tout de même, quelques années plus tard, la maison de Maxéville ayant été elle aussi infestée de rats à la suite de nouvelles constructions près du canal, je me suis vue assise sur la table de la cuisine propulsée par la peur que j'avais très bien su refouler à Poitiers.

Nous étions un peu façonnés par l'époque : lorsque nous avons reçu un colis de cousins réfugiés à la campagne près de Clermont-Ferrand, que maman y a découvert un petit fromage grouillant de vers, sans coup férir, elle l'a posé sur la glace de la glacière – il n'y avait pas de réfrigérateur à l'époque – et, lorsque les vers furent détruits par le froid, nous les avons avalés avec le fromage et de grand appétit.

Poitiers, c'est aussi la découverte d'une nourriture presque normale : je ne savais pas ce qu'était du vrai fromage, du beurre à volonté, des petits déjeuners composés d'un demi-camembert. Si divers rationnements perdurèrent en 1947 et 1948 – le pain jusqu'en 1949 – le Poitou avait vite retrouvé sa production laitière légendaire. L'accès à l'alimentation a gardé longtemps une grande importance, après toutes ces années de restriction ! C'était l'époque de grandes découvertes gastronomiques : les oranges, les bananes, les gâteaux au beurre ! On s'offrait une liste de courses pour des menus programmés, au lieu de faire la cuisine avec ce que l'on avait pu trouver…

En apparence tout allait bien. Le travail qui attendait un inspecteur régional était fort intéressant : la réorganisation sanitaire de tout un territoire, la restructuration des hôpitaux, l'assainissement sanitaire après la guerre et ses bombardements – l'hôpital de Royan était complètement détruit, les photos que j'en ai découvertes dans les archives familiales sont saisissantes.

La famille de l'inspecteur départemental, le docteur Polge, était accueillante. La coopération entre mon père et ce sympathique médecin ne posait aucun problème. Ce dernier succédera à mon père à la direction régionale lorsque Jean Bénech sera nommé à Paris, en décembre.

Poitiers est une jolie ville, sa place d'Armes, belle mais glaciale dès l'hiver venu, un lycée Jeanne d'Arc, où je fis le premier trimestre de ma seconde sixième, avec beaucoup de difficultés, les trous et changements successifs m'avaient laissée légèrement hors du temps et ne m'avaient guère appris à vraiment travailler. Comme l'on manquait de personnel de crèche, les élèves du lycée qui s'étaient proposées allaient aider aux repas et couchage des tout petits, ce fut mon premier contact d'un travail concret dans une équipe de bénévoles.

En décembre 1945, détaché du ministère de la Santé, mon père est nommé médecin-chef de la Protection maternelle et infantile pour le département de la Seine, sous l'autorité directe du directeur général de l'Assistance publique. Tout comme les hospices de Lyon ou de Strasbourg, l'Assistance publique du département de la Seine est indépendante du ministère de la Santé.

Nous serons à Paris pour les fêtes de Noël 1945.

Mes parents, profitant de mon hospitalisation pour une opération de l'appendicite, me confient aux gentilles religieuses de l'hôpital de Poitiers, et vont à Paris pour préparer notre installation : prise de contact avec l'Assistance publique pour mon père, recherche d'une école pour moi, et recherche d'un appartement – en 1945, c'était une gageure !

Contraints par la date de prise de fonctions de mon père, et sans appartement, nous quittons Poitiers pour Paris.

Pourquoi avoir quitté Poitiers ? Pourquoi ce détachement à l'Assistance Publique ? A sa demande ?

Etait-ce une promotion intéressante ? Voulaient-ils se rapprocher de ce qui restait de la famille de maman à Paris ou de ma grand-mère Bénech à Nancy ?

En tout cas, je les entends encore me poser la question, comme si je pouvais savoir et comme si mon opinion pouvait avoir la moindre importance : préfères-tu que nous allions à Nancy ou à Paris ? Nancy, Maxéville, pour moi, n'étaient pas vraiment de très bons souvenirs. J'ai dit Paris, mais je reste convaincue que ceci n'a en rien pesé sur notre destin, et je ne suis même pas certaine de ne pas avoir répondu uniquement parce qu'une question m'était posée et non parce que j'avais véritablement un avis, et je n'étais pas dupe de l'intérêt qu'ils accorderaient à ma réponse. Là ou ailleurs, cela faisait six ans qu'on me trimbalait d'un endroit à un autre, d'aventures en aventures, comme beaucoup d'enfants de cette époque et aussi, de tout temps, comme beaucoup d'enfants de fonctionnaires ou de militaires.

Noël 1945 à Paris : premier Noël de vraie paix, la capitulation est signée depuis mai, le général de Gaulle est chef du gouvernement provisoire, il démissionnera peu après, le 30 janvier 1946.

Tout a l'air d'aller bien pour nous, malgré les chagrins : il avait été impossible de savoir ce que Jeanne Dreyfus, la cousine de notre petite grand-mère et mère de Lise Jules Romains, était devenue. Les frères de maman, Léo et Jean, n'étaient pas rentrés. Sans compter l'amputation de mon frère. Tous ces événements assombrissaient l'atmosphère, abîmaient la personnalité de chacun, surtout celle de maman évidemment : d'amusante, vivante et drôle avant la guerre, elle était devenue sombre, sérieuse, avait perdu son humour.

Une fois de plus, en recherche d'un toit sur nos têtes, mes parents habitent provisoirement à l'hôtel, rue d'Artois, à deux pas de l'avenue des Champs-Elysées. En attendant la découverte de la perle rare, je suis accueillie par les cousins Adler-de Ricou, revenus du Maroc. Ils avaient pu réintégrer leur maison du Vésinet, et j'y passe les vacances de Noël.

Inscrite en classe de sixième, pour le deuxième trimestre, au cours Montaigne à Neuilly – onzième établissement scolaire et pour la douzième fois *petite nouvelle* en cours d'année – je fais l'aller-retour depuis la gare Saint-Lazare entre Neuilly et le Vésinet, les trains de banlieue partaient toutes les demi-heures, à 6 et à 36 pour le terminus, Saint-Germain-en-Laye.

Quand ont-ils trouvé l'appartement du 32 rue Charles-Laffitte ? Je sais seulement que c'est Daniel Mayer, résistant et futur ministre du Travail et de la Sécurité sociale, ancien déporté, qui le leur avait trouvé. En réalité, il ne s'agissait pas d'un véritable appartement, mais des deux magnifiques pièces de réception d'un hôtel particulier Napoléon III, qui firent un appartement extraordinairement lumineux : beaux volumes, poutres décorées peintes au plafond, *bow-windows* à petits carreaux et vitraux, donnant sur un grand jardin dont nous n'avions pas l'usage, en principe. La vieille dame propriétaire habitait le premier étage. Le tout était assez charmant, très joli et fort accueillant.

Au fond du jardin, des écuries avaient été également aménagées en appartements. Francis Lemarque, chanteur-compositeur, habitait là. Il n'était pas encore célèbre, mais va le devenir très vite : *Pigalle*, *A Paris*… Il est un fort gentil voisin. Très fier, il vint nous annoncer un jour qu'Yves Montand lui avait pris une chanson : ce fut le point de départ de sa célébrité.

Toutefois, les difficultés de chauffage de l'époque exigeaient une vitre trouée pour laisser passer le tuyau du poêle à charbon qui chauffait les deux pièces depuis la longue chambre-bureau des parents. Je suis installée dans l'entrée, lieu de passage obligé, mais c'est pour moi sans importance.

L'office, devenu cabinet de toilette, est suffisamment grand pour contenir un *tub* et un gros réchaud à gaz, pour les petits déjeuners et la cuisine courante. Un monte-charge relie cet office à la cuisine dont les dimensions correspondent aux besoins des réceptions données dans une demeure digne de ce nom au Second Empire. Cette cuisine magnifique et sombre, qui n'était éclairée que par une sorte de grand soupirail, n'avait qu'un défaut : elle est au sous-sol et n'est pas accessible par un escalier intérieur. Maman s'était fabriqué une houppelande à capuchon dans une couverture marron pour affronter le froid du jardin quand il fallait surveiller un bœuf mode. En réalité, cette situation nous amusait beaucoup. C'était le bonheur retrouvé, ou presque.

Cet hôtel particulier existe toujours, malgré la destruction massive de ces grandes et belles maisons, remplacées par des immeubles modernes souvent laids, mais tellement plus rentables.

Une vie normale paraissait s'installer. Une vie familiale d'abord : mon frère, revenu du Cameroun à Paris avec son petit Francis et sa femme Tamara pour les longues vacances des coloniaux ; l'amour pour Simone, mère de l'un, épouse de l'autre, unissait mon père et mon frère dans un lien très solide, sans parler de Marion, ciment-tendresse entre eux trois. La relation entre Jean Bénech et Gérard Théodore était d'une qualité qu'on ne voit pas toujours entre un père et un fils biologique.

Tous deux étaient unis aussi dans des convictions identiques vis-à-vis du nazisme qu'ils avaient durement affronté, chacun à son poste et dans la diversité des circonstances, prenant des risques extrêmes. Ils avaient enfin, il faut le dire ainsi, une commune passion pour le service public.

Les Jules Romains étaient revenus de Mexico, où ils avaient passé la guerre.

Maman faisait de nouveau ses deux heures de piano quotidiennes, jouait à quatre mains avec une de ses cousines Geismar : j'ai le souvenir d'un arrangement pour quatre mains de la *Jupiter* de Mozart qu'elles avaient un malin plaisir à massacrer en la jouant trop vite et trop fort, tout heureuses de s'être retrouvées à la fin.

J'allais en classe, enfin normalement ! Grâce à un cours privé, le cours Montaigne, où nous n'étions pas nombreuses par classe, je prenais le goût de la concentration, du travail bien fait. Le professeur de latin-grec-français, mademoiselle Stachursky, qui me donnait des cours de rattrapage, était arrivée à me faire mordre à l'hameçon d'une manière enthousiaste. Activité extrascolaire, nous avions des cours de théâtre le jeudi, qui était le jour sans classe en ces temps lointains.

Pour mes anniversaires – seulement deux à Paris en réalité – Lise m'avait abonnée aux jeudis de la Comédie française. Je ne m'étais jamais autant sentie dans mon élément, et jamais plus à ce point depuis lors. Je vidais littéralement la bibliothèque de mes parents. Contrairement aux usages de beaucoup de familles, j'avais accès à tout. C'est à Neuilly que j'ai découvert la collection des *Feux croisés* et les auteurs de Flammarion et de Gallimard. C'est aussi à cette époque que Lise et maman m'ont fait découvrir le musée du Jeu de Paume et le musée Rodin. J'ai pu voir jouer Louis Jouvet dans *Knock*, et Charles Dullin dans *L'an mil*. On était en 1946-1948, et nous sortions de la guerre, tout paraissait merveilleux.

Incontestablement ces années-là déterminèrent toutes mes curiosités, tous mes goûts. J'ai eu ma bicyclette, une Saint-Etienne, de la Manufacture. J'allais avec des cousines du côté Bénech faire de grandes promenades au bois de Boulogne tout proche. Je m'occupais beaucoup de mon petit neveu Francis, l'emmenais au Jardin d'acclimatation qui était à cinq minutes de la maison. C'était une vie d'équilibre et de formation pour l'adolescente que j'étais.

Un film documentaire d'alerte sanitaire contre le typhus a été tourné en 1946, *Le passant de malheur*, réalisé par Gaston Roudes, un des maîtres du cinéma muet des années trente. Mon père y tenait le rôle du médecin de retour de déportation, l'actrice, Gisèle Paris, assez connue à l'époque, était sa partenaire. Les enfants sont cruels : un jour où je l'entendais parler tout seul dans la grande chambre-bureau, j'ai pensé qu'il ne devait plus avoir toute sa tête alors qu'en réalité, il apprenait son texte. Comédien comme il l'était, il s'est bien amusé à ce film qui est passé dans toutes les salles de cinéma de France.

Mais cette griserie était précaire. Il fallait compter avec un homme fatigué, qui avait sur les épaules la grande responsabilité de la protection maternelle et infantile (PMI), service en pleine maturation. En réalité, les séquelles physiques et psychiques de son séjour à Mauthausen commencèrent à se manifester dès son retour : douleurs des jambes, lumbagos à répétition, cauchemars devenaient de plus en plus pénibles, tout cela déclenchant des sautes d'humeur, évidemment. Puisqu'il parlait peu et que tout le monde jouait presque en permanence la comédie du bonheur retrouvé, personne ne voulait se rendre compte de son extrême fatigue. Pourtant, en février 1946, il accomplit une démarche qui ne lui ressemble pas : « *n'ayant pas eu de repos depuis [son] retour de déportation* », il sollicite un congé de quinze jours, qui lui est accordé.

Mes parents adoraient recevoir, et faisaient cela très bien, depuis toujours : bonne cuisine et généreuse amitié. Ils recevaient la famille très proche, mes cousins germains

Michelle, Pierre, notre petite grand-mère, la famille de mon frère rentrée du Cameroun, les Jules Romains, mais ils accueillaient aussi des collaborateurs qui venaient de province, les amis de la résistance ou d'anciens camarades du camp.

Le déjeuner de mariage de ma cousine-sœur Michelle avec Guy Quesnel s'est fait à la maison, avec grand bonheur, le 21 décembre 1946. C'est aussi chez nous que les Jules Romains et Georges Duhamel, parrain du récipiendaire à l'Académie française, ont déjeuné avant la séance de l'après-midi le 4 avril 1946, à laquelle maman et moi avons assisté.

Tout cela était magnifique, vivant, enrichissant aussi, pour une adolescente de treize-quatorze ans, mais absolument épuisant pour un homme en retour de déportation, sans que quiconque puisse, en réalité, en avoir conscience.

Les trajets bi-journaliers de Neuilly à Hôtel de Ville, qu'il effectue en métro (les bureaux de l'Assistance publique se trouvaient déjà 3 avenue Victoria), étaient fatigants, et, l'habitude n'était pas encore de déjeuner hors de chez soi.

Peu à peu, le sens de l'humour et la drôlerie naturelle de mon père firent place à l'inquiétude et à la nervosité. Il devenait agoraphobe. Autant il avait été heureux le 14 juillet 1945 à Poitiers – nous étions allés voir le premier bal populaire d'après guerre et les nouvelles danses, *boogie-woogie* et *be-bop*, apportées par les Américains, autant le 14 juillet suivant fut sinistre : nous devions aller voir le feu d'artifice, et nous n'étions pas au milieu de la foule depuis cinq minutes que, devenu tout pâle, angoissé, il a voulu rentrer. C'était compréhensible, mais bien compliqué à vivre.

De surcroît, les questions d'argent ont dû faire leur réapparition : réceptions, vie familiale généreuse, cours privé à régler, avec, en supplément, l'activité théâtrale, la répétitrice de la Comédie française qui venait nous faire travailler tous les jeudis pour la représentation d'*Esther* de Racine, où je tenais le rôle titre et que nous donnâmes salle Saint-Pierre à Neuilly, avec un très joli succès, ma foi ! Tout cela coûtait très cher.

Dès le mois d'août 1946, Jean Bénech fait une demande de reclassement, auprès du ministère, en ces termes : « *si je n'avais pas été déporté, j'aurais été nommé directeur régional à Lyon, classé médecin inspecteur divisionnaire et non divisionnaire adjoint à mon retour de « captivité* » [expression employée à l'époque et qui ensuite ne concernera plus que les prisonniers de guerre] *ce poste de directeur régional à Lyon était déjà affecté, celui de Nancy également, je considère que j'aurais pu être nommé « pour ordre », c'est pourquoi je pense avoir été lésé dans mon avancement* ». Cette démarche, motivée par des soucis financiers, ne lui ressemblait pas, lui, tellement désintéressé, généreux et *grand seigneur* à la limite du romanesque. Pourtant, si l'on examine son dossier, on constate que le poste de directeur adjoint à l'Assistance publique ne lui faisait pas bénéficier du traitement équivalent au poste qu'il aurait dû trouver à son retour de déportation.

Jean Bénech eut gain de cause, et obtint sa nomination au poste de médecin inspecteur divisionnaire de la santé à Nancy. Il est installé dans ses fonctions par le préfet Samama en mai 1948, à la consternation de maman.

Il s'était bien gardé de la tenir au courant de ses démarches. Elle lui en a beaucoup voulu, de ce retour à Nancy, surtout de l'avoir mise devant le fait accompli. On peut être l'homme le plus courageux du monde mais craindre certaines réactions de sa femme. Cette affaire déclencha chez elle des crises de vésicule biliaire et de violentes migraines ophtalmiques. Je l'entends encore lui dire : « *Je t'en veux d'avoir à t'en vouloir* ».

Pour elle, c'était se retrouver loin d'une famille dont elle avait été séparée depuis cinq ans, qui partageait ses goûts, loin de sa cousine Lise et de ses vraies amies d'autrefois. Et puis il y avait la ville – ma mère était de Paris, et elle m'avait donné le goût des grandes promenades que l'on pouvait y faire. C'était notre plus grand plaisir à toutes les deux.

Elle se retrouvait enfermée à Maxéville, même pas dans son propre appartement, dans une magnifique maison, peut-être, mais loin du centre-ville, avec la perspective de vivre avec une belle-mère qui ne l'avait jamais vraiment appréciée puisque Juive et divorcée. Ma grand-mère Bénech la trouvait dépensière, dans la mesure où coudre et broder pour s'habiller et habiller sa fille sont source permanente d'achat de tissus, et autres matériaux qu'elle considérait comme une dépense luxueuse. Ma mère choisissait évidemment ce qu'il y avait de plus joli et de la meilleure qualité. Dans le milieu du cirque ou du spectacle, on l'aurait dite enfant de la balle. Et il faut bien dire que le magasin de tissus Geismar avait été le meilleur de la région, jusqu'au départ prudent pour Arles en 1940.

Quant à moi, je recommençai à ne plus rien comprendre, à suivre dans un demi-sommeil : on repartait ailleurs, comme déjà trop souvent, et notre mode de vie allait aussi changer complètement, une fois de plus.

A première vue, on pouvait considérer que cette mutation était raisonnable, qu'il y avait tout de même, à Nancy, rémunération mise à part, beaucoup moins de frais de représentation, de logement, de scolarité, puisque j'étais inscrite pour le troisième trimestre en classe de quatrième au lycée Jeanne d'Arc. Une décision pragmatique donc.

Je crois cependant que mon père avait surtout besoin de retrouver sa ville, sa maison : l'hypothèse de ne pas habiter Maxéville ne fut même pas envisagée. Consciemment ou non, être de nouveau premier au village plutôt que second dans Rome. Une voiture de service était de nouveau à sa disposition avec un chauffeur, Janin, tout aussi dévoué que Lasselman en 1939-1942, ou le si attentionné Muguet à Lyon qui nous avait aidés de toutes les façons possibles pendant les mois de déportation. Mon père était très aimé des hommes et des femmes qui travaillaient à ses côtés, bien qu'il eût un certain nombre d'adversaires assez virulents, dans les domaines politique et même professionnel. Très aimé ou franchement détesté : c'est le tribut à payer lorsqu'on montre une forte personnalité et que l'on assène des vérités cruelles avec un grand sourire railleur.

En théorie, l'argument économique se tenait, mais s'est avéré très vite illusoire, vu les travaux urgents et inévitables qu'il fallut engager dans la maison, et simplement sa maintenance : l'installation de l'eau courante, plus tard la transformation de la chaudière à charbon en chaudière à mazout, l'installation d'une salle de bains-cuisine dans un grand cabinet de toilette du premier étage, l'entretien du jardin par un ouvrier des usines Solvay, etc.

Naturellement, et fort heureusement, les parents continuaient à avoir table ouverte aux amis, collaborateurs et confrères de passage, étudiants en médecine étrangers, quelques camarades déportés, Vitche et Bergier entre autres, sans compter la famille de Paris : la maison de Maxéville transformée en véritable table et chambre d'hôtes. S'ensuivit, comme d'habitude, une importante vente de meubles… Il faut dire que cette maison en regorgeait, l'alléger un peu était salutaire, d'autant que nous étions arrivés, comme c'est naturel, avec les mètres cubes des nôtres et les livres auxquels les parents, en particulier ma mère, étaient très attachés. Mon père était très fier du goût de sa femme, décoratrice innée, inventive, ayant un véritable don pour rendre un appartement chaleureux, vivant, toujours harmonieux et gai – qualités Geismar.

Sa mère, ma petite grand-mère Geismar, était peut-être une bonne vendeuse de tissus – disant toujours « *quand on venait m'acheter du velours que je n'avais pas, la cliente repartait avec de la soie* » – mais elle était surtout une femme très raffinée. D'où venait cette disposition et celle de toute la famille ? Les Picard, nom de jeune fille de ma petite grand'mère, sont originaires de Lure. Cette ville de garnison au fin fond de la Haute-Saône ne semble pas avoir été un haut lieu d'inspiration artistique en dehors du goût pour les défilés spectacles des dragons – on se souvient de Michèle Morgan et Gérard Philippe dans *Les grandes manœuvres*, film qui y fut tourné. C'est peut-être pendant l'exode à Paris, en 1914, que ma petite grand-mère prit ce goût pour les meubles et objets anciens, en particulier chinois. Son fils Charles l'avait-elle influencée ? C'est possible.

Je me demande si, finalement, mon père tenait aux biens matériels : je ne l'ai jamais vu avoir un regret, et même on pouvait déceler une certaine jouissance quand on se séparait des choses. Pourtant il était toujours très fier de *Maxéville* et de la manière dont ma mère savait mettre sa maison en valeur. En revanche, il n'aurait pas supporté d'avoir une dette. Ne pas clore un budget, dont il ne s'occupait d'ailleurs pas, était pour lui à la fois inquiétude et honte : attitude typique de la classe à laquelle il appartenait, en chef de famille.

Ma grand-mère Bénech avait évidemment gardé sa grande chambre d'angle donnant sur le bicentenaire hêtre pourpre, énorme lit sculpté en acajou massif, prie dieu, épais rideaux de brocart doublés de flanelle et de satinette, il fallait se protéger du froid. Cette chambre deviendra la mienne, puis un jour celle de mes quatre premiers enfants.

Mes parents prennent la chambre rouge qui avait été celle de maman lorsque nous attendions le retour de mon père au mois de mai 1945. Un des cabinets de toilette devient une salle de bains, à grande fenêtre, le mur en angle de la maison voisine est entièrement recouvert des fleurs jaunes d'un forsythia qui devait dater de 1904 ! Maman y installe en plus une sorte de kitchenette et, moi, je dors dans la petite pièce attenante, je fais des sauts de cabri pour manifester ma mauvaise humeur lorsque mon père, tous les matins, ayant gardé ses manies hospitalières de lève-tôt, marche de la salle de bains à ma chambre en activant une espèce de meule pour aiguiser les lames de rasoir, bruit horriblement désagréable ! En plus, il fumait dès son lever, des gitanes papier maïs qui empestaient, il les gardait éteintes au coin de la bouche, pour soi-disant moins fumer.

Maman eut une vie très active durant quelques années et finalement heureuse, jusqu'à la retraite de mon père.

La maison ne désemplissait pas, son besoin d'être une hôtesse généreuse était comblé. Surtout, elle faisait partie de l'association des Amis du musée des Beaux-Arts. Elle y organisa, avec le conservateur et son adjoint, un ami de longue date, des expositions au musée, place Stanislas : sur la dentelle en Lorraine, sur les cristalleries de Lorraine avec les usines de Baccarat, de Daum et de Vannes-le-Châtel, sur le théâtre avec, entre autres, les maquettes prêtées par l'Opéra de Paris, et que Serge Lifar vint inaugurer avant de danser le soir, au Grand théâtre, *L'après-midi d'un faune* de Debussy. Je me souviens être restée terriblement intimidée devant lui, bouche bée, avec un sourire admiratif et bêta, incapable de même dire bonjour. A cette époque, les acteurs et surtout les grands chorégraphes et danseurs restaient dans un halo, très loin du commun des mortels, la télévision a changé cela, en les montrant comme des êtres vivants, puis, pour un peu, comme des gens ordinaires.

Le retour à Nancy permit à maman de faire de la musique de chambre avec le professeur Melnotte, excellent violoniste amateur et président de l'association de la Musique de chambre de Lorraine. Mon père lui succédait au poste d'inspecteur divisionnaire, ils étaient très amis, depuis bien avant la guerre. Evidemment, maman et moi étions abonnées aux concerts et revenions à pied le soir jusqu'à Maxéville en passant par le cours Léopold et le long du canal, trajet tout à fait désert et très sombre, ce qui affolait la plupart des gens : maman répondait qu'elle avait un parapluie, lorsqu'on demandait si, au moins, elle avait une lampe électrique. Mon père ne participe pas à ces activités extérieures, ne va jamais ni aux réceptions, ni aux inaugurations, mais il se montre heureux de recevoir dans sa maison. Il aimait y rencontrer les artistes et créateurs que maman était amenée à connaître, et se montrait toujours un hôte attentif et charmeur à l'égard de l'élite intellectuelle, un peu snob peut-être.

Lui qui s'était montré si désemparé depuis son retour était de nouveau heureux dans la maison qu'il n'avait quittée qu'à l'âge de quarante-sept ans au moment de son mariage en 1935. Ce retour à Maxéville le replongeait dans son élément : il était enfin rentré chez lui. Comme autrefois, on l'arrêtait quelquefois dans la rue d'un « *oh, docteur* ! », d'anciens patients de l'hôpital, des écoliers d'avant-guerre, à qui il renvoyait un « *bonjour, cher ami* », quoique bien incapable sans doute de dire exactement de qui il s'agissait, à l'indignation de sa fille peu compréhensive qui ne trouvait pas cela très honnête.

Quant à moi, j'avais ressenti ce retour à Nancy comme catastrophique. J'avais 15 ans. Ma progression scolaire qui, étant donné les circonstances, avait connu bien des turbulences et des ratés, en fut, de nouveau, sauf en français et en histoire, sérieusement freinée.

En cours d'année, au lycée Jeanne d'Arc – treizième rentrée en cours d'année – j'étais complètement perdue dans une classe de quarante élèves, toujours aussi lente à faire mon trou. J'étais un animal étrange, celle qui venait d'ailleurs, de Paris, ville si lointaine dans l'esprit des petites Nancéiennes, ne connaissant que cette ville aux habitudes assez fermées, façonnées par la hiérarchie et l'esprit de caste, distinguant les industriels, les professions libérales – dont mon père n'était pas – puis les fonctionnaires et, en dernier, les commerçants ! Je savais que je passais pour être toujours trop discrète, issue d'une espèce de vie d'aventures, n'osant pas afficher, en 1948, des origines à moitié juives, un père déporté, mot auquel peu de gens savaient donner un sens : difficile de se faire des amies. La maison de Maxéville, excentrée, ne permettait guère d'accueillir des camarades d'école à la maison, même de faire des trajets en commun : je les quittais en haut de la rue pour prendre mon tramway, il n'était pas question de rentrer cinq minutes en retard. Ce n'est qu'après, en faculté de droit, que je développai une vie amicale et sociale. J'y obtins un diplôme de criminologie, bien que mon mémoire sur la prostitution fût jugé plus sociologique que juridique, grave erreur en 1952 !

L'isolement Maxéville, ce furent les livres dévorés jusqu'à plus-faim. Pas encore de radio-transistor personnel, ni bien sûr de télévision. Globalement, les conditions nécessaires à l'épanouissement d'une bonne élève n'étaient pas réunies. Un de mes professeurs expliqua à mon père que j'étais comme un âne mal bâté :

« *Trop de connaissances inutiles* [hors programme, pensait-il sûrement] *d'un côté, et pas suffisamment de l'autre* ». Je suis probablement restée cet âne mal bâté.

Ma grand-mère Bénech tombe malade, d'un cancer intestinal. Il n'y a eu ni opération ni hospitalisation, Elle a été soignée dans sa chambre, au premier étage, par son fils, sa belle-fille et sa petite-fille. J'étais la seule dont elle acceptait la *béquée*. Soulagée par des piqûres de morphine qu'il fallait injecter de plus en plus souvent, que néanmoins on ne pouvait faire trop rapprochées et dont l'attente provoquait ses hurlements. Elle est partie un soir, mon père la veillait, tandis que maman et moi, dans la jolie chambre aux placards lambrissés, jouions à la crapette pour ne pas faire les cent pas, et puis, vers onze heures du soir, mon père, les larmes aux yeux, est venu nous dire que c'était fini. C'était le 22 décembre 1952.

Conduites par Janin, le chauffeur du service, maman et moi suivîmes le corbillard, par un froid gris très lorrain, jusqu'au cimetière de Réhon, dans le nord du département, où reposait mon grand-père. A notre retour, mon père avait déjà débarrassé tout ce qu'il n'aimait pas, en premier les estampes représentant Louis-Philippe et Marie-Adélaïde, et ce qui était la marque de sa mère, manière de détourner un rappel de chagrin sans doute – surtout il se libérait de la coupe d'une mère autoritaire sur un fils unique et un peu trop brillant. Beaucoup de raisons, probablement, à cette attitude, mais il n'était pas de mise de poser des questions !

La chambre de ma grand-mère devint la mienne, elle serait celle de mes quatre premiers enfants. Les parents prirent l'ancienne chambre de garçon de mon père, la mienne enfant, elle avait alcôve, placards à portes lambrissées, deux fenêtres, l'une donnant sur le jardin, l'autre sur le toit de la serre. C'était la mieux proportionnée, et aussi la plus jolie, la plus agréable de la maison. Cette chambre devient celle de maman quelque temps après la mort de mon père, et celle de l'aînée de mes filles, Isabelle, lorsque maman disparaîtra à son tour ; c'est dans cette chambre que se sont retrouvés des poussins dont son frère Jean-Charles, l'aîné de mes enfants, lui avait gentiment fait cadeau. Pauvres poussins qui, devenus poules, vécurent dans le jardin et qui, attirant des buses, finirent chez monsieur le curé.

A la suite d'un orage à gros grêlons – de la taille d'une mandarine pour certains – ma petite grand-mère, qui résidait dans une pension de famille tenue par les religieuses du Cénacle, à Nancy, est venue habiter avec nous. Maman pensait qu'elle serait beaucoup mieux à la maison, même si elle se retrouvait éloignée du centre de Nancy, un peu cloîtrée aussi, comme nous tous. La nourriture serait tout de même meilleure et il serait beaucoup plus simple de la soigner sur place si nécessaire ; surtout, elle vivrait entourée de sa fille et sa petite-fille, sans compter que ses autres petits-enfants viendraient la voir plus facilement. Ce qui fait que mon pauvre père s'est retrouvé, à la naissance de ma première fille en 1958, au milieu de quatre générations de femmes !

Cependant, les conséquences psychologiques de ce qu'il avait subi commençaient à peser sur la famille : les silences, les énervements presque permanents. L'étude de son dossier médical et de ses notations indique le délabrement progressif de sa santé, les arrêts maladie et demandes de congés de plus en plus fréquents et plus longs. Une correspondance entre le docteur Mouton Chapat, inspecteur principal de la santé, et le ministère signale que « *les affaires courantes sont traitées à son domicile* ». Il s'agissait cette fois-là d'une chute provoquée, un 28 décembre à 8h du matin, par un de ces grands verglas lorrains, d'où résulta une fracture du col de l'humérus. D'autres fois, ce furent des grippes ou une grande fatigue qui l'amenèrent à suivre ses dossiers depuis la maison, même lors d'une épidémie de typhoïde à Toul. La plupart du temps, il imputait ces arrêts sur ses congés annuels.

Les premières années, les documents administratifs officiels attestent l'excellente appréciation que sa hiérarchie porte sur lui. Ainsi, le ministre de la Santé publique, adressant au préfet l'arrêté donnant au Dr. Jean Bénech la charge de la douzième circonscription (les sept départements de Lorraine)[12], avait ajouté cette note : « *Je crois nécessaire de vous préciser qu'étant donné l'importance de cette circonscription, j'ai tenu à y affecter un fonctionnaire dont les titres universitaires et hospitaliers et le passé professionnel sont une garantie pour la qualité des services qu'il sera appelé à rendre dans ces nouvelles fonctions.* [...] *Je tiens à souligner que ce sont uniquement les nécessités du service et les compressions de personnel qui l'ont fait désigner pour ce poste. Ses titres dans la résistance complètent de façon magnifique ses références professionnelles* ». De même, on trouve une note élogieuse dans le dossier « Jean Bénech » au ministère de la Santé, datée du 30 novembre 1947 : « *Monsieur le Docteur Bénech, qui fut déporté politique sous l'occupation, est un des meilleurs fonctionnaires de l'Inspection de la santé. Je ne vois dans ces conditions que des avantages à ce que lui soit attribuée la croix de Commandeur de l'ordre de la Santé Publique. Signé : Crepey* ».

Mais il apparaît assez vite que le directeur de l'hygiène publique et des hôpitaux au ministère de la Santé montre sa méconnaissance et son incompréhension de l'état physique et psychique des déportés. Sans aller jusqu'à dire que celles-ci ont provoqué l'asthénie ou la dépression de

---

[12] Ardennes, Aube, Haute-Marne, Meuse, Meurthe et Moselle, Moselle et Vosges.

mon père, elles y ont contribué certainement chez un homme qui toute sa vie avait été apprécié, respecté, et qui était si attaché à ce que soient reconnues son expérience et sa compétence. Or, le changement de ton est brutal. Ainsi cette note de 1951, signée du directeur de l'hygiène publique et des hospices : « *Dans mon service, je ne crois guère que l'activité du médecin inspecteur principal de la santé soit efficace, ce dernier travaille sur le dos de ma collègue... Ce médecin instruit ne me paraît pas travailler beaucoup son plan d'enquête hospitalière, qui est considéré comme un des plus médiocres qui aient été fournis, son activité dans les autres domaines me paraît de la même qualité* ».

Pour 1952, l'appréciation est confirmée, sur un ton plus pernicieux : « *L'année 1952 ne m'a pas conduit à modifier mon opinion sérieusement. Homme très courtois et de rapport très agréable, monsieur Bénech manque d'efficacité et n'est pas divisionnaire dans la plénitude de ce terme* ».

Etranges documents, qui fatalement me semblent bien injustes ! C'est l'époque où Jean Bénech assure la charge sanitaire et hospitalière de la région lorraine, et alors même que sévissent deux épidémies, poliomyélite et typhoïde, en conséquence de quoi il a interrompu un arrêt de maladie.

J'ai souvenir que, l'accompagnant souvent lors de tournées d'inspection dans le département, je l'ai vu un jour sortir furieux d'un hôpital parce que l'appareil de radio était en panne. Il continuait à publier, continuait les conférences de formation à l'université, aux écoles de sages femmes et d'infirmières.

Dix ans plus tard, le Centre de réforme devant lequel les anciens déportés font reconnaître leur état et leurs droits accordera à Jean Bénech le statut définitif des Grands mutilés de guerre. Sont relevées dix séquelles de son séjour au camp, la plupart hélas très répandues chez ses semblables, parmi lesquelles l'asthénie, l'hémiparésie des membres, les troubles visuels, une sclérose pulmonaire, l'aphasie, sans parler de l'état de ses coronaires.

Atteignant ses soixante ans – l'âge de la retraite, selon son statut – il sollicite, malgré un état de santé déficient, le 27 juin 1952, une prolongation d'activité, qui lui est accordée, selon une disposition de la loi qui ouvre cette possibilité en cas de participation « *effective* » à la Résistance. C'est exactement le moment où, au vu de l'attestation signée du colonel de Saint Gast, lui est attribué le titre de déporté résistant.

Lorsque finalement il prend sa retraite, en 1954, la santé de maman n'est pas bonne. Des crises récurrentes de vésicule biliaire, qui la font souffrir depuis notre retour à Nancy, deviennent handicapantes. C'est moi qui suis à la cuisine, on ne reçoit pratiquement plus, les activités extérieures s'espacent, notre vie sociale, si active il y a peu, se réduit à presque rien.

Désormais, mon père a le plus souvent le regard absent, dans l'alternance indistincte d'une douceur excessive et d'une dureté sombre : c'est le signe d'une dépression rampante. Il est saisi un temps, je l'ai dit, de l'envie absurde de retrouver la maigreur de son retour ; les verres de vin qu'il se met à boire en-dehors des repas, par chance il les supporte mal – mais maman, inquiète, se montre autoritaire, ne le laisse pas en paix, et son angoisse est décuplée lorsqu'elle le voit par deux fois être victime d'évanouissement, puis, en plein repas de famille, d'une chute à la cave où il était allé vérifier la chaudière : en vérité, attaque cérébrale, comme on disait, dont il ne garda aucune séquelle apparente. A compter de ce jour, il ne toucha plus un verre de vin : de ce point de vue, le choc avait été salutaire, et l'avait alerté.

Avec la mort de ma grand-mère Bénech, la charge financière de la maison, déjà lourde pour mes parents, a cessé d'être partagée. Or ils n'ont d'autres ressources que le versement d'une seule retraite, mon père avait refusé la pension versée aux déportés. Ma mère ne perçoit évidemment rien, ne dispose d'aucun revenu complémentaire, et tous deux ont une fille de dix-neuf ans qui conserve pour argent de poche ce qu'elle touche comme monitrice de colonies de vacances ou de maison d'enfants pendant les deux mois d'été.

Mon père se fait beaucoup de souci pour moi : à sa grande déception, il doit admettre qu'il ne faut plus rêver. Ma scolarité de nomade – un gruyère ! – m'interdit d'entreprendre les études de médecine envisagées et même décidées depuis toujours. J'ai vu les larmes du regret dans les yeux de mon père, recevant la liste de nomination de nouveaux internes. Rebutée peut-être par la directrice religieuse de l'école d'infirmières, je me rendis sans difficulté à l'évidence que, si j'étais programmée pour l'observation clinique, l'art du diagnostic et de la prescription, je ne l'étais pas du tout pour devenir infirmière ou sage-femme. Mon père me soutint d'ailleurs dans cette décision. Je me retrouvai donc inscrite à la fac de droit, institut de criminologie, prenant en parallèle des cours de sténotypie. Reçue avec mention, je devins déléguée permanente auprès du juge des enfants qui me donna la responsabilité du club de prévention de la délinquance adolescente. Le club était ouvert tous les soirs, à la sortie de l'école, aux petites et grandes filles de ce quartier très défavorisé qui se trouvait derrière la basilique Saint-Epvre, ancien quartier des maisons closes fermées par la loi Marthe Richard de 1948, devenu insalubre et aujourd'hui réhabilité, grâce à la loi Malraux sur les secteurs sauvegardés.

Me considérant dans mon nouvel état, mon père était presque rassuré : sa hantise était que je sois sans diplôme ni formation, incapable de subvenir à mes besoins. J'avais enfin acquis définitivement le goût du travail et surtout j'avais en moi désormais ce besoin atavique ou contagieux de servir la collectivité. Dans l'espoir de devenir avocat, j'effectuai très sérieusement mon stage d'avoué, j'avais juste à traverser la place Vaudémont pour aller ouvrir le club à quatre heures, sur cette même place.

La peur de ma mère était bien différente : que je ne me marie pas et devienne une espèce d'assistante sociale en grosses chaussures plates. Pour mon père, le mariage était loin d'être la sécurité – il n'avait pas tort.

L'entrée dans la retraite, déjà difficile pour ceux qui ont donné le maximum de leur temps avec plaisir et bonheur dans l'exercice de leur responsabilité – le syndrome des bras vides – devient pratiquement insurmontable pour ceux qui portent au fond d'eux-mêmes, petite musique lancinante ou images fantomatiques, une réalité dont ils ne guérissent pas et que seule l'activité de la vraie vie leur permettait de refouler. Il en est ainsi avec le passé concentrationnaire, qui à n'en pas douter a décuplé chez mon père la difficulté à vivre dont souffrent beaucoup de personnes âgées.

On le voyait errer entre le jardin et cette grande maison allant de la grande serre à son bureau au rez-de-chaussée, s'asseyant toujours avec cet air étonné d'être là, souriant et attendri lorsqu'il regardait le chien, attendri plus tard par ses petits-enfants mais plus jamais vraiment passionné ou même intéressé, comme si les choses ne le regardaient plus. Ce doux détachement ressemblait si peu à ce qu'il avait été que cela nous inspirait une étrange tendresse teintée d'inquiétude.

Il n'avait pas de hobby, ses seuls moments de vraie présence étaient à l'occasion des conseils donnés aux étudiants, qu'il accueillait toujours avec beaucoup de chaleur et de générosité, les aidant pour une thèse ou un concours. Il retrouvait son œil brillant, sa vivacité d'esprit et son acuité intellectuelle : il était encore capable de leur faire passer de l'énergie.

Jean-Marie Bohl et moi nous sommes mariés le 24 novembre 1953. Nous avons quitté la maison, puisque le travail de Jean-Marie n'était pas à Nancy : d'abord surveillant des coupes de bois au fin fond des Vosges, puis estimateur de coupes, près de Bar-le-Duc, ensuite à Bray-sur Seine en Seine-et-Marne. Revenus à Maxéville pour huit jours à la suite d'inondations de la *petite Seine*, à Noël 1958, avec nos trois aînés, Jean-Charles, Didier et Isabelle, nous y sommes restés plus de douze ans... Après avoir cherché vainement un appartement à Nancy où Jean-Marie avait décidé de nous fixer – il devient directeur de publicité dans une importante agence d'affichage – maman donne son congé à une gentille famille à laquelle elle louait le premier étage de la maison. Ce locataire, en dehors de son métier, était un excellent accordéoniste, qui faisait des duos avec maman au piano : c'était sympathique et rigolo. Avant, il y avait eu un couple d'Américains avec deux enfants.

Donc, sur un coup de tête de maman qui m'a rendu furieuse, nous reproduisions le schéma ! Influence de cette maison sur nos vies, au prix de la perte notable sinon complète de notre indépendance. Elle nous annonça sa décision, qui avait l'apparence du raisonnable, sans avoir pris auparavant notre avis, un matin, au petit déjeuner.

Maxéville, de nouveau ! La petite grand-mère, mes parents, nous et nos trois enfants, le quatrième, le petit Gérard, naîtrait en 1960. Mon père était plus heureux, serein depuis que sa fille était rentrée au bercail. Pour autant, le vieux couple donnait-il l'image du bonheur ? Maman savait qu'elle serait veuve, mon père s'était fait une vie entre deux eaux, en attente. Médecin, il ne pouvait ignorer qu'il était *en danger*, selon l'expression pudique de la corporation : il se savait « *les coronaires foutues* ». Il est pris d'une crise aiguë d'œdème du poumon un soir de juillet 1961. Un tout jeune confrère voisin, le docteur Demange – bientôt, il aura à passer pratiquement chaque jour – installé à Maxéville depuis peu, va venir immédiatement, l'attente est pénible, mon père entre deux étouffements crie. Il se sent mourir et sait qu'une intervention médicale urgente est vitale. Sous prétexte de l'accueillir, Jean-Marie et moi allons attendre le médecin à la porte du jardin. Demange pratique une saignée, comme au temps de Molière, ce ne sera pas la seule. Aujourd'hui, mon père aurait été hospitalisé, peut-être mieux soigné, ce n'est pas sûr.

La vie reprit son cours. Les enfants dans la maison apportaient leur gaîté et leurs sourires. La journée du 4 avril 1962 avait bien commencé : magnifique temps printanier, douceur du soleil, renouveau du hêtre pourpre. Depuis la fenêtre de la chambre des enfants, au premier, je le vois partir tout guilleret, avec son chapeau rond, maman contente de l'accompagner au bureau de tabac-bistrot du village, sur la place de l'église, pour aller chercher le journal et les horribles cigarettes papier maïs, prendre le petit verre de vin blanc, le seul qui lui fût encore autorisé. Ils étaient attendrissants.

J'ignorais qu'ils allaient aussi poster un courrier important, dont j'ai récemment découvert le double, destiné à mon frère qui le parrainait pour l'obtention du grade de commandeur dans l'Ordre de la Légion d'honneur. Cette lettre accompagnait le dossier adressé à la chancellerie. Il chargeait mon frère de faire comprendre à la chancellerie qu'il ne pourrait pas fournir certains des papiers qui lui étaient réclamés, ceux-ci lui ayant été enlevés par la *Gestapo* lors de son arrestation. Le *post-*

scriptum contient toute sa rancœur et un vieux fond d'antimilitarisme : « *J'espère que tu auras enfin la paix avec cette affaire où je sens une mauvaise volonté des militaires qui n'ont rien compris ».* Il n'a pas eu la rosette sur trottoir d'argent dont il avait rêvé.

J'ai déjeuné avec eux comme chaque fois que j'étais seule avec les enfants. Au menu, des pieds de porc grillés, qu'il adorait, après quoi nous avons eu un fou-rire complice en regardant le chien se pourlécher les babines : à chaque coup de langue, le plat en inox cabossé cliquetait sur la tomette usée de la cuisine, le chien, lui aussi, adorait les pieds de porc. Et puis..., je suis montée dans ma chambre, les laissant faire leur crapette journalière d'après déjeuner. Très peu de temps après, la dame de ménage, comme disaient les enfants, Rosette, est venue me chercher en me disant que mon père n'était pas bien, j'avais l'habitude, il avait eu si souvent des malaises. Et puis..., j'ai pris sa main toute molle et j'ai compris qu'il était mort. Il avait un visage détendu, souriant, paraissant me dire, « *j'ai fini, à toi de jouer maintenant* ». Il avait simplement dit à maman : « *je suis un peu fatigué, ma chérie »,* et s'était étendu. Finir ainsi, sur un rire et dans ces instants de quiétude : je n'ai pas su être triste, mais, pendant des mois, je n'ai pas pu parler de lui, ni prononcer son nom, ni entendre de la musique.

Je suis allée à la cure, voisine de la maison. Des religieuses s'occupaient des malades de la paroisse et du patronage. J'avais à l'esprit, naïvement, que l'une d'elles pourrait venir m'aider. Il me fut répondu : « *Nous ne l'avons pas soigné, je ne peux pas venir ».* J'ai un peu insisté, puis, furieuse, angoissée, j'ai lancé : *« Cela ne fait rien, je me débrouillerai toute seule* ». Je repartais lorsqu'elle a bien senti qu'effectivement c'est ce que j'allais faire, alors, elle m'a rattrapée, et finalement est venue accomplir avec moi ce qu'il y a à faire lorsque l'on se retrouve avec un corps sans vie *à préparer*, selon la formule. Me reste encore l'attendrissement que j'ai éprouvé en lui enfilant ses chaussettes, il était si fier de ses pieds restés sans défaut.

Entre temps, à l'appel de maman, son vieux copain d'internat, Vigneul, était venu à la maison signer le certificat de décès, je suis restée près de lui. Maman, qui ne voulait pas voir ça, était dans la pièce à côté. Pas une seconde de cette journée n'a quitté ma mémoire, naturellement : mon frère Gérard venu le soir même pour s'occuper de maman, qui était vraiment mal, les amis qui avaient pu prendre chez eux les trois aînés, Jean-Charles, Didier et Isabelle, le dîner du petit Gérard, troisième des garçons, la lumière du soir, toute cette atmosphère étrange. Les événements enchaînés rapidement, les décisions prises, indépendantes de soi-même, sans réflexion, machinales, comme dictées par un instinct atavique. Jean-Marie n'est arrivé, je crois, qu'assez tard le soir.

Mon père, toujours guidé par l'exigence drastique de tourner la page, avait réitéré sa volonté d'un enterrement sans fleur ni couronne, ni discours, ni personne. Quelque chose, je suis porté à le penser, qui porte l'empreinte en lui de ce qu'il avait traversé : tous les morts du camp, dans les conditions que l'on sait, peut-être les morts de Salonique et même ses souvenirs hospitaliers, tant de face à face avec le corps *tel qu'en lui-même enfin l'éternité le change...*[13]

Ma mère n'a pu que respecter la dernière exigence de mon père de ne vouloir qu'une bénédiction à huit heures du matin. Elle n'a prévenu personne – ce que la famille du côté Bénech ne le lui a jamais pardonné. Elle n'a donc pas informé les Jules Romains qui ont toujours cru qu'elle n'avait pas voulu gâter leur séjour à Cannes où il présidait le Festival. Jean-Marie et moi fûmes seuls présents à son

[13] Mallarmé, « Le Tombeau d'Edgar Poe ».

enterrement : mon frère était près de maman, bien incapable d'y assister ; la petite grand-mère était évidemment aussi restée à la maison.

Je sais le privilège qui est le mien de porter ces souvenirs, contrairement à tous ceux qui n'ont pas vu leur père revenir des camps et ne s'en sont jamais remis. Ou ceux et celles dont le père ou la mère, revenu si abîmé, devenu si différent, psychologiquement et physiquement, qu'il ou elle en était méconnaissable, et avec qui la relation devint si difficile. Pour les proches aussi, il y eut les séquelles de la déportation.

La suite fut une vie bien normale, les enfants, un mari absent cinq jours sur sept, une mère qui avait oublié ce qu'était un sourire. Une petite grand-mère qui se rendait utile, pliait les couches, brossait la chevelure d'Isabelle, gardait les enfants et sauvegardait, en les rangeant sans relâche, les jeux de société ou puzzles qui étaient dans sa chambre, que les enfants étaient ravis de toujours retrouver prêts à l'usage. Elle s'attachait aussi à essuyer les feuilles du philodendron et du caoutchouc, qui avaient pris de l'ampleur dans la serre. A quatre-vingt-seize ans, elle était heureuse au milieu de nous.

En 1967, au retour de nos vacances d'été, maman avait une mine à faire peur. Un cancer intestinal fut rapidement diagnostiqué. Après une intervention chirurgicale, uniquement pour enlever les adhérences, elle fut ramenée à la maison, où le docteur Demange la suivit quotidiennement. Elle put encore quitter son lit pour assister, maigre et blanche, à la distribution des jouets pour Noël et mourut le 26 janvier 1968.

Immédiatement, nous avons fait un nouveau déménagement intérieur, afin que notre petite grand-mère ne se retrouve pas seule à l'étage. Elle mourut pourtant, de chagrin, cinq mois après le décès de sa fille. Elle avait perdu quatre enfants adultes sur cinq.

Je mis au monde des jumelles – Fanette et Sophie – deux ans après. Cette maison trop vaste et coûteuse pour nous, avec la toiture de la serre à refaire sans délai, est finalement devenue, sans échappatoire, ce qu'elle était depuis longtemps : une charge. Nous nous en sommes séparés. Par plaisanterie, nous parlions d'Anatole, le fantôme, mais le fantôme, c'était elle, cette maison qui a tant pesé sur nos décisions, orienté notre destin, déterminé nos vies.

Ai-je raconté l'histoire de mon père, de la famille, de la maison, d'une époque ? Mon histoire aussi, pour partie, je le vois bien, à chaque ligne. Ceux et celles qui me liront puiseront ce qui fait le mieux écho à leurs propres souvenirs ou qui, d'aventure, aura pour eux quelque intérêt.

Juillet 2012

Généalogie

Levy Thiebaud
Levy Alice
Théodore Simon
Levy Simon
Levy Berthe
Geismar Alfred
Théodore André
Geismar Simone
Théodore Gérard
Geismar Jean
Geismar Charles
Jung Georgette
Geismar Léo
Geismar Robert
Geismar Rosine
Geismar Philippe
Geismar Michelle
Geismar Pierre
Marpon Anne Louise Geneviève
Benech Lucien Marc
Benech Jean
Benech Marion
Bohl Jean Marie
Bohl Sophie
Bohl Fanette
Bohl Gérard
Bohl Isabelle
Bohl Didier
Bohl Jean Charles

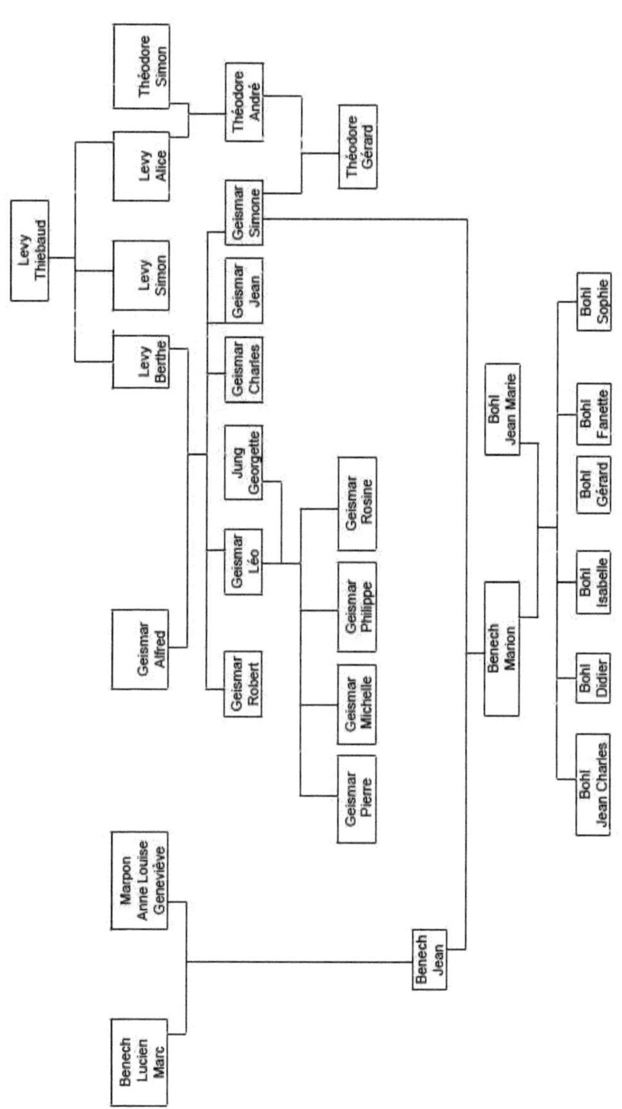

Documents

La maison familiale à Maxéville en 1904

Jean Bénech, par Jacques Majorelle.
Au cimetière français de Salonique

Jean Bénech, à Nancy, avant la guerre, rue Héré, se rendant au Service d'hygiène

De Jean Bénech à Marion, carte envoyée
du camp de Mauthausen libéré, le 12 mai 1945

« Ma petite Marion, ton papa est enfin sauvé. Je pense que tu as bien fait tes prières. Tu iras mettre un cierge à Notre Dame de Fourvière pour remercier la Sainte Vierge car tu as encore besoin de ton père.

*Je pense que tu as vu ton grand frère et que ta maman a dû être bien contente de le voir. Tâche de bien comprendre le devoir envers la Patrie (*qui*) est dans le sacrifice total – ton père et ton frère t'ont donné l'exemple.*

Ceci dit, tu ne peux te figurer la joie que j'ai de bientôt te revoir, ma petite Marion que je peux retrouver bien sage, gaie, joyeuse, prête à sortir avec son papa qui s'occupera d'elle beaucoup plus qu'autrefois.

As-tu beaucoup grandie ? Es-tu devenue aussi jolie que ta Maman ? As-tu fait de beaux projets de voyage pour nos grandes vacances et aller à Lourdes.

Tu voulais voir un miracle – tu vas le voir : c'est le retour de ton Papa – Maman a-t-elle mis beaucoup d'argent de côté pour que nous puissions faire un beau voyage et t'acheter quoi ? à mon retour en souvenir de ma disparition passagère ?

Ma petite Marion chérie je t'embrasse.

Ton Papa, Jean Bénech »

Brassard porté par Jean Bénech,
détenu médecin affecté au Revier

Gérard Théodore après sa blessure à Bir Hakeim
dans la nuit du 10-11 juin1942

Table

Récits, Mémoires, Témoignages
aux éditions L'Harmattan

SUR LES TRACES DES SANS VISAGE
Récit d'une adoption
Frutier Elisa
Qui suis-je ? D'où viens-je ? À qui vais-je ressembler ? Pourquoi dois-je toujours expliquer que j'ai été adoptée ? Ces questions, toujours sans réponses, hantent Élisa Frutier. Ce récit est un journal de voyage et nous transporte dans le quotidien d'un orphelinat à Aracaju dans lequel elle a séjourné pendant trois mois. Une histoire vraie, poignante, parfois drôle, toujours empreinte d'humanité.
(Coll. Trans-Diversités, 13.50 euros, 124 p.) ISBN : 978-2-296-96242-2

TOI MON ENFANT DIFFÉRENT, MON ROI, MON ANGE
Récit d'une mère face au handicap
Sarah Linda - Préface de Philippe Pozzo di Borgo
À 26 ans Linda devient maman d'un enfant «différent». Né à six mois et demi, Yoann passe ses deux premiers mois en réanimation. Une grande bataille commence alors contre la fatalité et les pires diagnostics. Le fils de Linda vient de fêter ses trente-cinq ans, sa mère peut enfin raconter ses combats et ses victoires sur l'impossible. Ce livre témoigne de l'espoir, des doutes, des révoltes et surtout de l'amour qui a entouré cet enfant.
(17.00 euros, 170 p.) ISBN : 978-2-296-99110-1

VIVRE LA FRATERNITÉ AU COEUR DU MONDE
Maurin Maurice - Préface d'Hervé Janson
Dans la mouvance de Charles de Foucauld (1858-1916), la Fraternité des petits frères de Jésus essaie de vivre la fraternité au coeur du monde. Maurice Maurin rencontre les petits frères de Jésus en 1953. Cela le conduira en Algérie, au Maroc, en Afrique centrale, en Israël, puis en Europe de l'Est. Depuis plus de vingt ans, il vit en Pologne.
(Coll. Histoire de vie et formation, 28.00 euros, 278 p.) ISBN : 978-2-296-99184-2

TEMPS DE VIE ET TRANSHUMANCE
Carnets de voyage d'une Amazone 2004-2011
Moneyron Anne - Préface de Gaston Pineau
Anne Moneyron, auteur de plusieurs ouvrages, revient ici avec un ouvrage très personnel, écrit avec sa chair, labourée par sept ans d'épreuves. En sept ans, elle a perdu un sein, la vue à un oeil après une tumeur au cerveau. Ces pertes l'ont amenée aux confins d'elle-même et du monde. Fidèle à sa pulsion d'autoformation vitale, elle a transhumé à travers et au-delà de ses terres connues, avec un feu brûlant en elle. Elle en a fait, ose-t-elle dire, un chemin de fortune, un moyen d'autoformation existentielle.
(Coll. Histoire de vie et formation, 15.50 euros, 158 p.)ISBN : 978-2-296-96765-6

SURVIVANTE
Du Kurdistan irakien aux ports du Pas-de-Calais
Rijbroek Dominique
Ce récit est basé sur le témoignage volontaire d'une femme qui vit dans la peur. Elle évoque son enfance au Kurdistan irakien dans les années 60, au sein d'une famille de communistes en lutte contre le pouvoir en place, son métier d'enseignante qu'elle exerce tout en se livrant au trafic d'armes, la vie quotidienne dans un Kurdistan ravagé par la politique de l'Anfal. Épouse d'un universitaire, Dila possède dans son pays une position sociale enviée. Jusqu'à ce jour de septembre 2000 où tout bascule...
(16.50 euros, 162 p.) *ISBN : 978-2-296-96827-1*

L'HARMATTAN, ITALIA
Via Degli Artisti 15; 10124 Torino

L'HARMATTAN HONGRIE
Könyvesbolt ; Kossuth L. u. 14-16
1053 Budapest

ESPACE L'HARMATTAN KINSHASA
Faculté des Sciences sociales,
politiques et administratives
BP243, KIN XI
Université de Kinshasa

L'HARMATTAN CONGO
67, av. E. P. Lumumba
Bât. – Congo Pharmacie (Bib. Nat.)
BP2874 Brazzaville
harmattan.congo@yahoo.fr

L'HARMATTAN GUINÉE
Almamya Rue KA 028, en face du restaurant Le Cèdre
OKB agency BP 3470 Conakry
(00224) 60 20 85 08
harmattanguinee@yahoo.fr

L'HARMATTAN CAMEROUN
BP 11486
Face à la SNI, immeuble Don Bosco
Yaoundé
(00237) 99 76 61 66
harmattancam@yahoo.fr

L'HARMATTAN CÔTE D'IVOIRE
Résidence Karl / cité des arts
Abidjan-Cocody 03 BP 1588 Abidjan 03
(00225) 05 77 87 31
etien_nda@yahoo.fr

L'HARMATTAN MAURITANIE
Espace El Kettab du livre francophone
N° 472 avenue du Palais des Congrès
BP 316 Nouakchott
(00222) 63 25 980

L'HARMATTAN SÉNÉGAL
« Villa Rose », rue de Diourbel X G, Point E
BP 45034 Dakar FANN
(00221) 33 825 98 58 / 77 242 25 08
senharmattan@gmail.com

L'HARMATTAN TOGO
1771, Bd du 13 janvier
BP 414 Lomé
Tél : 00 228 2201792
gerry@taama.net

651402 - Avril 2016
Achevé d'imprimer par